Fred Ruchhöft
Von Grebbin bis Warnemünde

GESCHICHTE • ARCHITEKTUR • KUNST
Beiträge zu den Kulturlandschaften
MECKLENBURG und VORPOMMERN

herausgegeben von Sabine Bock

Band 1

Hier, wo der Warnow Wellen zart beginnen,
Der Warnow, die zu Rostocks stolzen Zinnen
Hin lenkt den Lauf, um meine Äcker fließend,
Leis murmelnd ihre stillen Wasser gießend;
Vor all zu nahen Nachbarn mir ein Hüter,
Mit kleinem Rinnsal schützt sie kleine Güter.
Andreas Mylius, 1578

Fred Ruchhöft

Von Grebbin bis Warnemünde

Eine kulturgeschichtliche Wanderung
entlang der

Warnow

THOMAS HELMS VERLAG

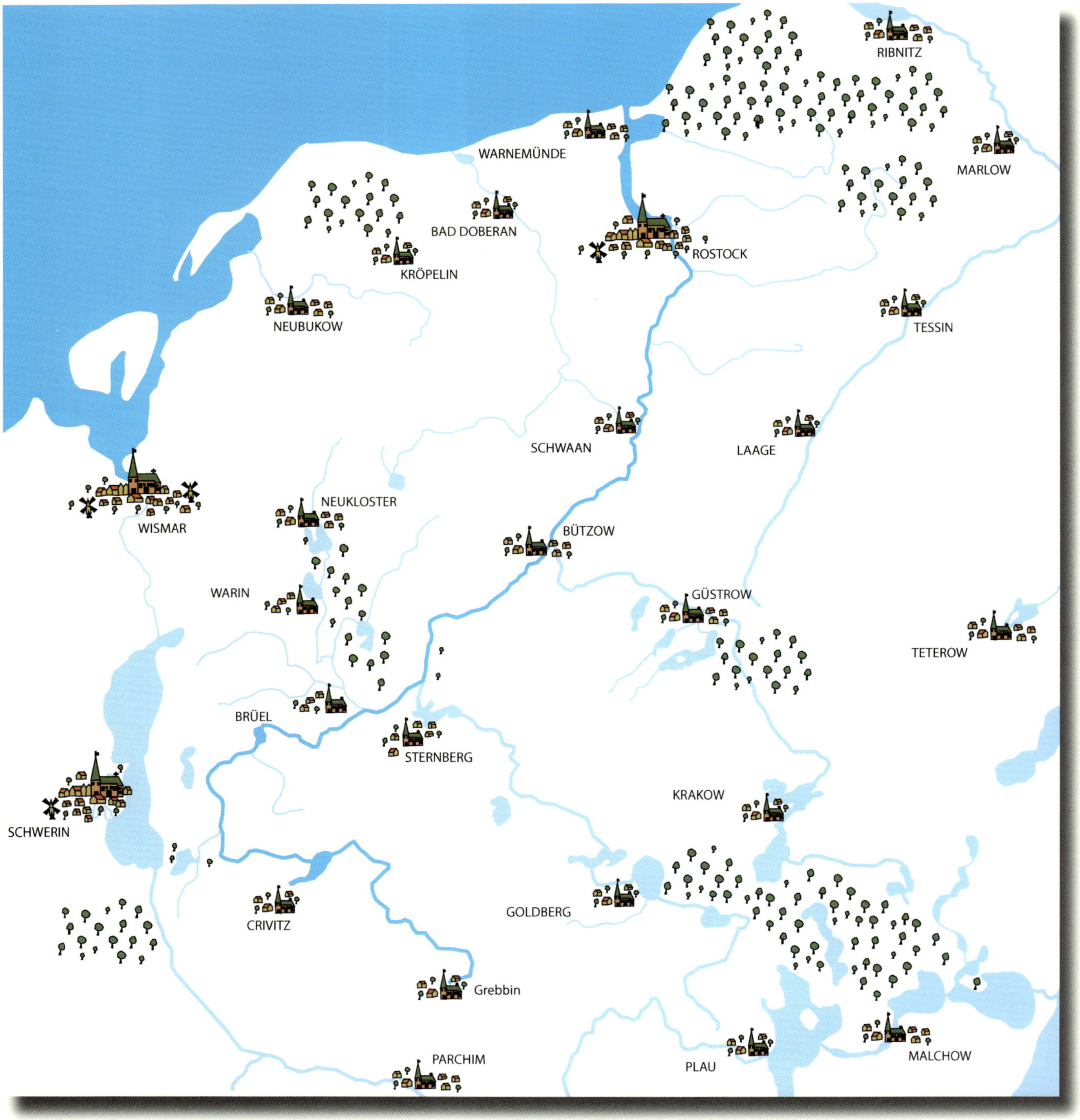
RIBNITZ
WARNEMÜNDE
MARLOW
BAD DOBERAN
ROSTOCK
KRÖPELIN
NEUBUKOW
TESSIN
SCHWAAN
LAAGE
NEUKLOSTER
WISMAR
BÜTZOW
WARIN
GÜSTROW
TETEROW
BRÜEL
STERNBERG
KRAKOW
SCHWERIN
GOLDBERG
CRIVITZ
Grebbin
PARCHIM
PLAU
MALCHOW

Inhalt

Die Warnow von Grebbin bis Eickhof

Die Quelle

Grebbin, gut zehn Kilometer nördlich von Parchim gelegen, ist eigentlich ein gewöhnliches mecklenburgisches Dorf. Es besitzt eine mittelalterliche Feldsteinkirche aus dem 13. Jahrhundert mit kleinen romanischen Fenstern, die nur wenig Licht ins Innere lassen. Der gedrungene Turm ist ebenso in den letzten Jahren saniert worden wie das in einem frischen Hellrot leuchtende Dach. Am Dorfrand steht eine seit ein paar Jahren wieder ansehnliche Windmühle. Aber da ist etwas, was Grebbin doch etwas bekannter macht als andere gewöhnliche mecklenburgische Dörfer. Denn im Dorf sprudelt eine Quelle hervor. Das ist eigentlich nichts Erwähnenswertes, aber dies ist die Quelle des nach der Elde zweitgrößten Flusses in Mecklenburg. Und hier findet sich schon die erste Ungerechtigkeit, die der Mensch der Warnow angetan hat. Denn die eigentliche Quelle der Warnow gibt es nicht mehr. Sie befand sich unter der alten Dorfschmiede, die vor einigen Jahren abgerissen wurde. Als Quelle zeigt man einen mit Hilfe von Baggern geformten Teich. Mit Drainagen wird das sprudelnde Wasser aufgefangen und unauffällig abgeleitet. Nur wenn die Warnowquelle stärker ist als die Drainage, dringt Wasser schon oberhalb des Teiches an die Oberfläche. Neben einer Wiese in einem zweiten Teich kommt sie kurz zutage, um dann wieder in der Dunkelheit der Rohre zu verschwinden. An der Straße nach Kossebade darf sie kurz obertägig fließen, und hier steht schon ein Schild, das dem Wanderer stolz verkündet, welches Wässerchen zu seinen Füßen entlangströmt. Es folgt noch einmal eine Drainage. Erst in einem unscheinbaren runden Teich in den Wiesen östlich des Ortes darf die Warnow als müde plätschernder kleiner Bach davonfließen, wenn auch in einem künstlichen Bett.

Grebbin liegt in einer Region, wo ein paar Kilometer entscheiden, welche Richtung ein Fluss nimmt. Etwas weiter nördlich geht es zur Ostsee, etwas weiter südlich zur Elbe und folgerichtig zur Nordsee. Man nennt diese imaginäre Linie die Hauptwasserscheide. Auch andere wichtige Flüsse Mecklenburgs entspringen an dieser Linie, so die Nebel, die Mildenitz oder die in den Dassower See mündende Stepenitz.

Unscheinbar und bescheiden ist der Ursprung der Warnow, ganz wie die Menschen, die an seinen Ufern leben. Aber sie gingen nicht gut mit ihr um. Hilflos wurde die ohnehin harmlose junge Warnow in ein künstliches Bett gepresst. Melioration nennt man das, ein lateinisches Wort, das man mit *besser machen* übersetzen könnte. Zum Besten der Warnow jedoch war das nicht, ihre Wasserqualität litt und mit ihr die einstige Artenvielfalt. Seit etwas mehr als

Blick über das mecklenburgische Dorf Grebbin

einem Menschenalter ersetzen Vorfluter den mäandrierenden Warnowbach. Nur auf den ältesten Karten kann man an verschiedenen Stellen zwischen Grebbin und Barnin den alten Flusslauf ausmachen. Aber wie die Warnow damals wirklich aussah, kann man sich heute kaum noch vorstellen. Auf ein niedrigeres Niveau vertieft mit schnurgeradem Bett sollte sie das Wasser möglichst schnell ableiten, die nassen Wiesen trockener machen. Schwere Technik fuhr von nun an über die einstmals sumpfigen Bachauen,

An der Warnowquelle in Grebbin

intensiv bewirtschaftete Weiden sind nun dort, wo Moore und Erlenbrüche waren. Schon 1866 schmiedeten die Anlieger einen ersten Plan, wie man die Warnow bei Woeten, Kossebade, Zölkow und Kladrum absenken könne. Dazu aber gehörte auch die Beseitigung der Wassermühle in Kladrum. Schon 1863 hatte der Domänenpächter Hermann Kortüm in Woeten auf eigene Kosten und mit mäßigem Erfolg die Warnow ausräumen lassen. Jetzt sollte es mit vereinten Kräften und mehr Geld zur Sache gehen, doch die Landesregierung lehnte das Projekt ab. Wieder mal war es also Geldmangel, aber auch das Desinteresse der anderen Anlieger, besonders in Zölkow. Die Besichtigung des Geländes war nicht einfach. Um den Grebbiner Pastor, der eine Wiese an der Warnow hatte, war die Kommission besonders besorgt, denn offenbar besaß er dafür nicht die richtige »Outdoor«-Kleidung, wie man heute sagen würde, um den Spaziergang über feuchte Wiesen und Sümpfe unbeschadet zu überstehen. Damals gab es im oberen Teil der Warnow keine Brücken, nur moorige Furten. Erst 1903 wiesen die Behörden eine jährlich zweimal durchzuführende Räumung der Warnow zwischen Kossebade und Zölkow durch die Anlieger an. Noch mehr Ordnung kam in die Sache, als 1924 der »Warnowräumungsverband Crivitz« gegründet wurde. Ihm gehörten alle Gemeinden von Crivitz bis Grebbin an. Bald danach beließ man es nicht beim Beräumen, sondern baggerte gerade Kanäle durch das schmale Flusstal.

62 Höhenmeter geht es von Grebbin aus bergab, aber keineswegs auf direktem Wege zur Ostsee. Schon auf den ersten Kilometern saugt die kleine Warnow viele andere begradigte einstige Wiesenbäche in sich auf. Bei Woeten, einem kleinen Dorf mit einem großen landwirtschaftlichen Betrieb östlich von Grebbin, ist die Warnow drei bis vier Meter breit und einen halben Meter tief. Zum Überspringen eigentlich schon zuviel. In den Wiesen östlich des Gutes nimmt die Warnow einen noch ebenbürtigen Bach auf. Er kommt aus Richtung Herzberg und wird in der älteren Literatur, so auch beim Iren Thomas Nugent, gelegentlich als Quellfluss der Warnow beschrieben. Und in diesen Wiesen bei Woeten trifft die Warnow schon auf das erste kulturgeschichtlich wertvolle Denkmal. Dort befindet sich ein Erdwall, stummer Zeuge einer vergangenen Zeit. Vor etwas mehr als eintausend Jahren bauten die Slawen hier eine Burg aus Holz und Erde. Sie wussten den natürlichen Schutz der grundlosen Warnowmoore zu nutzen und schufen

Slawische Burg in den Warnowwiesen bei Woeten, vermutlich um 900 errichtet

sich einen sicheren Posten in unsicheren Zeiten. Aber schon nach wenigen Jahrzehnten wurde die Burg nicht mehr gebraucht und verfiel zu einem runden Erdhaufen, auf dem die Maulwürfe die eine oder andere Scherbe an die Oberfläche tragen.
Die Warnow ist weder der längste noch der wasserreichste Fluss in Mecklenburg-Vorpommern. Man liest verschiedene Angaben in der Literatur. Sie schwanken von etwas über 140 bis über 150 Kilometern. Wer diese widersprüchlichen Angaben entdeckt, denkt an die vielen Flussbegradigungen, welche die Warnow über sich ergehen lassen musste und die den Fluss stetig verkürzten. Richtig aber ist eine Länge von 155 Kilometer für den heutigen Flusslauf, wer es noch genauer wissen will, 155,2 Kilometer. Gut 143 Kilometer entfallen dabei auf die Oberwarnow bis zur Schleuse von Rostock. Aber da ist schon die Frage wichtig, wie genau

Bei Zölkow ist der alte Lauf der Warnow noch an der Form der Wiesen zu erkennen derjenige die Karten ausgemessen hat. Nur eines ist sicher: Die Kanaldurchstiche an der Warnow zwischen Bützow und Rostock sind nicht eingerechnet, geschweige denn die vielen Begradigungen durch Melioration bei Warnow, Gustävel und oberhalb des Barniner Sees. Allein die künstlichen Eingriffe bei der Warnow-Regulierung zwischen 1915 und 1928 zwischen Bützow und Rostock haben die Warnow etwas über vier Kilometer kürzer werden lassen, der Bau der Benitzer Eisenbahnbrücke im Landkreis Bad Doberan von 1847 bis 1849 nahm der Warnow gut 620 Meter.

Bleiben wir noch ein wenig bei den heute ebenso geliebten wie gehassten Zahlen und Statistiken. Mit ihren etwas über 155 Kilometern muss die Warnow der 220 Kilometer langen Elde als längsten Fluss Mecklenburg-Vorpommerns den Vortritt lassen. Diese ist sogar auf 184 Kilometer schiffbar, die Warnow jedoch nur auf gut 55 Kilometer. Dafür aber sammelt die Warnow das Wasser von über 3.200 Quadratkilometern zusammen und führt es zuverlässig in die Ostsee. Die zur Elbe hin fließende Elde hat dafür rund 200 Quadratkilometer weniger. Eine größere Fläche hingegen entwässert die Peene, rund 5.100 Quadratkilometer, aber sie steht unter den Flüssen Mecklenburg-Vorpommerns mit 142,5 Kilometern Flussstrecke nur auf Platz drei. Zweifellos länger ist die Havel mit 325 Kilometern, aber sie verlässt unser Bundesland schon wenige Kilometer nach ihrer Quelle bei Dambeck östlich der Müritz.

Ein meliorierter Wiesenbach

Der 1968/69 meliorierte Wiesenbach namens Warnow ist bei Zölkow für jeden sichtbar. Hier überquert ihn die Chaussee von Crivitz nach Goldberg. Ein braunes Hinweisschild sagt jedem, welcher bedeutende Fluss – auch wenn er noch ein kleines Rinnsal ist – sich hier sein kleines Tal gegraben hat. Die Gegend ist von der Landwirtschaft geprägt. Bauern beackern die Felder rund um die Warnow. In Kossebade und Kladrum setzten sie sich und ihrem Herrgott steinerne Häuser mitten auf den großen Dorfangern. Während man sich in Kossebade mit einem hölzernen Turm zufrieden gab, hat die Kirche in Kladrum einen massiven Turm, dessen barocke, mit Holzschindeln gedeckte Haube weithin grüßt. Im Kladrumer Turm hingen Glocken von 1468 und 1470, eine von ihnen musste im Zweiten Weltkrieg für die Rüstungsindustrie hergegeben werden. Die großzügigen Anger sind in beiden Dörfern noch immer gut sichtbar. Allerdings stört in Kladrum die *Kunststraße*, wie man eine Chaussee früher nannte, die historisch gewachsene Struktur des Dorfes. Am nördlichen Dorfrand entlang schlängelt sich die Warnow, bis zum Ende des 19. Jahrhunderts

Die kleine Feldsteinkirche mit hölzernem Glockenturm in Kossebade

befand sich hier eine Wassermühle, die erste, die die Kraft der Warnow ausnutzte. An sie erinnert heute nur noch ein Straßenname. Das Warnowwasser trieb in der Vergangenheit auch Mühlen an. Einige von ihnen, wie die frühere Sparower Mühle bei Demen sind noch auf Kartenwerken eingetragen, andere aus dem Gedächtnis der Menschen verschwunden. Ab und zu treten bei Baggerarbeiten Eichenpfähle zutage, die den einen oder anderen Standort verraten. Die Spuren zu dokumentieren und den zuständigen Denkmalämtern zu melden, ist dann eine wichtige Aufgabe für den Entdecker.

Seit dem 16. Jahrhundert dominierte der Adel zusehends die Dörfer, Bauernstellen wurden zur Eigenwirtschaft der Ritter gelegt. Große Güter entstanden. Kaum ein Dorf in der Region blieb als reines Bauerndorf erhalten.

In Wessin sind heute Wiesen, wo einst die Bauern lebten. Die mittelalterliche Kirche steht außerhalb des Gutsdorfes. Die Katen der Tagelöhner wurden entlang der Hauptstraße gebaut. Unweit der Warnow liegt Radepohl. Das heute unansehnliche, grob verputzte Herrenhaus ist ein sehr schlicht gehaltener zweigeschossiger Fachwerkbau, das Zeichen für ein sehr hohes Alter. Auch wenn es noch nicht näher untersucht ist, so könnte es zu den ältesten Herrenhäusern Mecklenburgs gehören. Neben dem Haus, im verwilderten Park, ist eine rechteckige Grabenanlage zu sehen, Rest einer mittelalterlichen Wasserburg, klein, unscheinbar und ehemals wohl aus Holz gebaut. Aber das reichte, um der mittelalterlichen Wehrtechnik stand zu halten. Radepohl gehörte im Mittelalter der Familie von Restorf, einer wendländischen und mecklenburgischen Adelsfamilie, die ihren ersten Hauptsitz vermutlich in Kritzow bei Lübz hatte. 1249 ist die Familie in der Umgebung des Fürsten Pribislaw von Parchim nachweisbar. Im Laufe des Mittelalters gab es im Lande zahlreiche Familienzweige, so in Radepohl, Kummin bei Marnitz, Bolz bei Sternberg und Kritzow bei Lübz. Den ersten Restorf auf Radepohl können wir für das Jahr 1391 erschließen.

Wie viele andere Ritter ernährten sich auch die Restorf nicht nur von ihrer Landwirtschaft, manch einer von ihnen landete wegen Räuberei in kühlen Gefängnistürmen und dürfte dabei den einen oder anderen Kumpan getroffen haben. Einer dieser Burschen war Hans von Restorf zu Radepohl. Er wurde 1429 vom Schweriner Vogt Matthias von Axekow gefangen und gegen ein Lösegeld wieder auf freien Fuß gesetzt. 1427 und 1434 war Hans von Restorf plündernd in der Gegend von Wittstock unterwegs, wie sich Konrad von Lintorff, Bischof von Havelberg, bitter beklagte.

Das derzeit dem Verfall preis gegebene Herrenhaus in Radepohl

Neben Radepohl gibt es an diesem Abschnitt der Warnow weitere Rittersitze. Bülow gehörte der Familie von Barner, die in der Crivitzer Gegend reich begütert war. Die Kirche des Dorfes wurde im 15. Jahrhundert gebaut. Augenscheinlich war sie eine Ruine, bevor sie in der Mitte des 18. Jahrhunderts erneuert und mit einer barocken Innenausstattung versehen wurde. Auf dem Friedhof liegt das Mausoleum der Gutsherrschaft. Das im 18. Jahrhundert errichtete und um 1842 umgebaute Herrenhaus mit dem großen Park befindet sich am südlichen Dorfausgang. Am rechten Ufer der Warnow trifft man auf das Gut Prestin, Stammsitz des mecklenburgischen Adelsgeschlechts von Pressentin, deren Vertreter bis zum 19. Jahrhundert hier wohnten. Die Familie gründete die Kirche des Dorfes, die 1999 umfassend saniert wurde. Auf dem Friedhof stehen der Glockenstuhl von 1703 und eine Grabkapelle der Pressentins, gebaut im Jahr 1808. Prestin benachbart liegt Wamckow, ein 1256 unter dem Fürsten Pribislaw erstmals genanntes Kirchspiel, dessen heutige Kirche wiederum im 15. Jahrhundert gebaut wurde. Bis 1603 war die Familie von Plessen im Besitz des Dorfes. Wesentlich älter ist die Kirche im Dorf Demen, das von 1265 bis ins 17. Jahrhundert dem Kloster Dobbertin gehörte. Das Kloster war auch Bauherrin der um 1300 errichteten Kirche, an der im Gegensatz zu den anderen Gotteshäusern der Region das Mauerwerk durch Friese aufgelockert und die Fensterlaibungen und Portale mit Formsteinen verziert wurden.

Dorfkirchen von Bülow (oben) und Prestin (unten)

Dorfkirchen von Wamckow (oben) und Demen (unten)

Vom Barniner See bis Vorbeck

Nach rund 27 Kilometern als ein von den Bedürfnissen des Menschen zurechtgestutzter und damit seines Charakters beraubter Bach hat die Warnow fast die Hälfte der Höhenmeter geschafft und mündet in den Barniner See, das erste große Gewässer, das sie erreicht. Die Badestelle bei Barnin dient vielen Wasserwanderern als Ausgangspunkt für Kanutouren die Warnow hinunter. Barnin ist ein altes Bauerndorf mit einer ansehnlichen neugotischen Kirche von 1869. Seit 1752 befand sich das Dorf in landesherrlicher Hand und entging so dem Bauernlegen. Bis heute sind mehrere typisch mecklenburgische Bauernhäuser erhalten. Schon vor dem Barniner See hat die Warnow die Richtung geändert und strebt nach Westen, auf den Schweriner See zu. Jenseits des Barniner Sees bildet die Warnow die Grenze der Stadtfeldmark Crivitz. Zehn Meter breit und einen Meter tief ist sie inzwischen. Gut dreieinhalb Meter fällt die Warnow auf der Strecke bis Gädebehn. Mehr als genug, um eine Mühle zu betreiben. Ursprünglich stand hier ein Dorf, längst vergessen, aber ein Zeugnis hat die Zeiten überstanden und trägt seinen Namen: Rönkendorfer Mühle. Selbst als die letzten Bewohner das Dorf verließen, war eine Mühle immer noch wichtig genug, um sie – abgesehen von einigen jüngeren Einliegerhäusern – einsam und weitab jeder anderen Siedlung liegend zu nutzen. Die Fischerei vom Barniner See bis zur Rönkendorfer Mühle war an den Müller zu Rönkendorf verpachtet worden. Als 1894 die

Mühle gelegt wurde, bat Wilhelm Pippow aus Kobande um die Fischereirechte. Das Gesuch wurde abgelehnt und die Fischerei an den Pächter des Barniner Sees, Fischer Possehl in Barnin, vergeben. 1902 kam die Fischerei in die Hand eines Rönkendorfers. Als dieser wenig später der Wilddieberei überführt wurde, nahm der Förster in Gädebehn die Fischereirechte wahr. 1942 endlich bemühte sich der Crivitzer Anglerverein um die Nutzungsrechte an der Warnow nördlich von Crivitz. Die alte und die neue Warnow oberhalb des Barniner Sees wurden 1923 an den Domänenpächter Guthke in Hof Barnin übertragen. Der Stau an der früheren Rönkendorfer Mühle blieb vorerst bestehen. Im Juni 1923 beantragte die Stadt eine Warnowregulierung und forderte die Beseitigung oder Änderung des Staues an der Rönkendorfer Mühle. 1933 führte man eine Räumung der Warnow zwischen dem Barniner See und der Rönkendorfer Mühle durch. Die Kosten von rund 7.500 Mark übernahm zur Hälfte das Arbeitsamt.

Crivitz liegt etwas abseits der Warnow, aber das Wasser, das den Crivitzer See verlässt, findet nach wenigen Kilometern den Weg in

Am Barniner See

die Warnow. Ein kleiner Ortsteil von Crivitz ist Warnow Hof, hier befand sich die Ziegelei der Stadt. Die Lage des Ortes in einem Tal mit viel unberührter Natur ließ den Bau der Umgehungsstraße zu einem schwierigen Unterfangen werden. Erst im Sommer 2006 konnte diese segensreiche Entlastung für die Stadt wahr werden. Ein Besuch in der Kleinstadt wird nun, wo sich die tägliche Blechlawine nicht mehr durch die engen und kurvenreichen Straßen der Altstadt quälen muss, sicher noch attraktiver als es ohnehin schon war.

Die Stadt Crivitz entwickelte sich um 1250 am Fuße einer Burg der Grafen Schwerin. Die Burg, von der heute nichts mehr erhalten ist, stand auf dem Gelände des Krankenhauses. Bei archäologischen Ausgrabungen im Vorfeld der Errichtung eines Erweiterungsbaues wurden im Boden erhaltene Grundmauern der Burg freigelegt. Bis zum Ende des 19. Jahrhunderts befand sich hier die großherzogliche Verwaltung des Amtes Crivitz. Gebäude dieser Zeit wurden in den inzwischen modernisierten und erweiterten Krankenhauskomplex integriert.

Im Zentrum der Stadt stehen die gotische Stadtkirche aus dem 14. Jahrhundert und ein eher unscheinbares Rathaus am Markt. Das alte Rathaus befand sich mitten auf dem Markt und wurde nach einem der vielen Brände im 18. Jahrhundert nicht wieder aufgebaut.

Nördlich von Crivitz durchfließt die Warnow eine waldreiche Gegend, Revier des Försters in Gädebehn, dem früher noch der Förster von Rönkenhof zur Seite stand. Am rechten Ufer der Warnow liegen inmitten großer Wälder die Orte Weberin und Basthorst. Das Herrenhaus in Basthorst lädt den Ruhe suchenden Gast zum Verweilen ein. Wo Basthorst liegt, gab es noch um 1800 das Dorf Samelow, heute ein einzelnes Gehöft zwischen Weberin und Vorbeck, sowie in der Nähe von Augustenhof das Dorf Rehagen. Beide Dörfer wurden 1649 von Emeke von Schack gekauft. 1777 erwarb die Familie von Plessen die Dörfer. Nachdem Samelow und Rehagen im Jahr 1821 wieder in den Besitz der Familie von Schack kamen, wurde auf den Ländereien 1823 ein neues Gut gegründet und in Anlehnung

Die Warnow bei Kladow mit der neuen Fischtreppe

Wintertag in Crivitz

an den gleichnamiges Familienbesitz in Holstein »Basthorst« genannt. Das neubarocke Herrenhaus von 1910 wurde 1994 von Gustav Graf von Westarp gekauft und innerhalb von zwei Jahren zu einem Hotel ausgebaut. Heute gehört es einem holländischen Ehepaar. Das exklusive Haus ist seit Jahren beliebter Spielort der Musikfestspiele Mecklenburg-Vorpommern.

Unweit des Dorfes Weberin liegt im Wald der Frauensee, an seinem Ufer einer der vielen slawischen Burgwälle der Warnowregion. Man sagt, es solle sich dort regelmäßig eine weiße Frau zeigen. Viel wissen wir derzeit nicht über diese Burg. Die Dokumentation der Ausgrabung des Prähistorikers Carl Schuchhardt (1859–1943) aus dem Jahr 1917 ist leider verloren, und aus einer begrenzten Untersuchung des Jahres 1983 ist lediglich bekannt, dass die Burg vermutlich im 9. Jahrhundert errichtet wurde.

Die Warnow fließt nun schneller. Vorbei an Kladow, Augustenhof und Neu Godern sind weitere sieben Höhenmeter geschafft. Auch hier ging die Regulierungswut der 1920er Jahre nicht spurlos vorüber. Damals gab es in Kladow noch eine romantisch gelegene Wassermühle. 1928 stellte man fest, dass eine Regulierung der Warnow zwischen der Kladower und der Richenberger Mühle möglich sein würde. Die Kosten wurden auf 90.000 RM veranschlagt, 450 bis 500 Mark pro Hektar. Heute ist der alte Mühlenstau in eine Fischtreppe umgewandelt worden.

In Kladow steht eine unauffällige Kirche, ein 1780 umgestaltetes Gebäude, dessen mittelalterlichen Kern man nicht mehr ohne weiteres erkennt. 1317 gehörte das Dorf den Edlen von Crivitz, die auf Kritzow saßen.

Gädebehn ist von seinem Nachbardorf Kladow nur durch eine Warnowbrücke getrennt. Auf dem Gut lebte 1572 bis 1594 Andreas Mylius, Dichter und enger Vertrauter des Herzogs Johann Albrecht von Mecklenburg. Das Pächterhaus der späteren Domäne, ein bescheidener Bau aus dem frühen 20. Jahrhundert, birgt heute keine Erinnerung mehr an den großen Poeten des 16. Jahrhunderts.

Das Herrenhaus Basthorst, die alte Wassermühle von Kladow, um 1920, und das Pächterwohnhaus Augustenhof, um 1930

Andreas »Mylius« Müller

Mit den eingangs zitierten Zeilen beschrieb Andreas Mylius über seine Wahlheimat, das Gut Gädebehn an der Warnow. Müller oder »Mylius«, wie er sich selbst nannte, wurde 1527 im sächsischen Meißen als Sohn eines Baumeisters geboren. Er studierte in Leipzig und Wittenberg Theologie und kam mit gerade 20 Jahren an den Hof des Herzogs Johann Albrecht I. Vielleicht hatte ihn ein guter Bekannter, Luthers Wegbegleiter Philipp Melanchthon, die Stellung vermittelt. Mit 22 Jahren wurde er Erzieher von des Herzogs Bruder Christoph, diente als Berater, Historiker und Lehrer in theologischen Fragen. Ruhelos begleitete er Johann Albrecht auf seinen Reisen zu mecklenburgischen und ›ausländischen‹ Höfen. Neben seinen vielfältigen Aufgaben im Staatsdienst war er der Hofdichter. Seine ersten Verse sind aus dem Jahr 1552 bekannt. Im Jahr davor ehelichte er Margarete, die Tochter des Schweriner Bürgermeisters Balthasar Rotermund, deren ältere Schwester Helena 1553 den berühmten Kartographen Tilemann Stella heiratete. Elf Kinder wurden ihm geschenkt.

1572 erhielt Mylius nach fünfundzwanzigjährigem Dienst bei Hofe das Gut Gädebehn als erbliches Lehen übertragen. Fast ununterbrochen aber lebte er am Schweriner Hof. Erst nach dem Tod Johann Albrechts 1576 verschlug es ihn auch nach Güstrow, Stargard und Lübz. Nur recht selten kam er nach Gädebehn. Hier kurierte er seine auf den Reisen eingesammelten Krankheiten aus, hier genoss er das stille ländliche Leben und wusste dabei die gutsherrliche Lebensart zu schätzen, auch wenn sie im Gegensatz zu anderen Herrschaften recht bescheiden war. Gäste vermissten die gemütlichen Teppiche und die seidenen Decken in den Betten, und wer Wein zu Abend trinken wollte, musste ihn selbst mitbringen.

Am 30. April 1594 schloss der Dichter der Warnow für immer seine Augen. Der einzige der vier Söhne, der den Vater überlebte, Johannes Mylius, erbte das Gut Gädebehn. Dass die geistige Lichtgestalt am Schweriner Hofe zur Reformationszeit bis heute so vergessen werden konnte, liegt sicher auch an seinen Gedichten, die er – damals modern und schick – durchweg in Latein und gelegentlich in Griechisch, niemals aber in Deutsch verfasst hatte und die bis heute nicht übersetzt sind.

Weiter entlang der Warnow

Bei Neu Godern trifft ein Zufluss auf die Warnow, 1315 *Bietnitz* genannt. Der für Wasserwanderer bereits – wenn auch nicht ohne Hindernisse – befahrbare Mühlbach kommt vom Pinnower See. Der Pinnower See dehnt sich über 249,5 Hektar aus. An seiner tiefsten Stelle misst er 16 Meter. Die stillen Buchten und die beiden Inseln – Flakenwerder und Fischwerder genannt – machen den See mit seinen rohrbewachsenen Ufern zu einem beliebten Naherholungsziel für die Schweriner. Die gute Wasserqualität des Pinnower Sees lädt zum Baden und Angeln ein. Bekannt ist der See für seine kapitalen Karpfen. Unweit des Sees befindet sich der Segelflugplatz Pinnow.

Den Pinnower See, dessen Wasser über die Warnow in die Ostsee abfließt, trennen nur

Blick über den Pinnower See und den Schweriner See zum Neubaugebiet Schwerin-Zippendorf

zwei Kilometer vom gut zehn Meter höher gelegenen Schweriner See, dessen Wasser über die Stör, Elde und Elbe in die Nordsee gelangt.

Zwar hat der Schweriner See heute einen Abfluss gen Norden – den ursprünglich »Viechelnsche Fahrt«, später »Wallensteingraben« genannten Kanal –, aber der wurde erst im 16. Jahrhundert entworfen, unter Einbeziehung des früher *Stivine* genannten Baches gebaut und später mehrfach erneuert. Die kurze Strecke zwischen Pinnower und Schweriner See ist eine willkommene Gelegenheit für Wasserwanderer, um von der Elde-Müritz-Wasserstraße ins Warnowflusssystem zu wechseln. Nirgends kommen sich beide Flusssysteme, getrennt durch die ganz Mecklenburg durchziehende Wasserscheide zwischen Nord- und Ostsee, so nah wie hier. Allerdings muss der Kanute einen längeren Weg in Kauf nehmen. Die Bundesautobahn A 241 führt genau über diese bis 63 Meter aufragende Landbrücke, und ohnehin wären die steilen Hänge des Pinnower Sees nur mit Mühe und Risikobereitschaft zu überwinden.

Jenseits von Neu Godern schlägt die Warnow wieder eine nördliche Richtung ein, berührt Gneven und erreicht Vorbeck. Unmittelbar an der Warnow liegt der Gutshof Vorbeck. Seit einigen Jahren heißt das 1912 erbaute und restaurierte Herrenhaus Natur liebende Gäste willkommen. Hier kann der Wasserwanderer mit dem hauseigenen Kanu seine Wanderung beginnen oder er lässt sich zum Barniner See bringen und nutzt den Gutshof Vorbeck als Zwischenstation mit Übernachtung. Ein Reiterhof eignet sich als Basisstation für Ausritte in die landschaftlich reizvolle Umgebung. Für gehobenere Ansprüche gibt es seit Juni 2002 bei Vorbeck einen Golfplatz mit 27 Löchern.

Godern um 1930

Etwas abseits des Gutes steht die Dorfkirche, ein ungewöhnlicher Backsteinbau vermutlich aus dem 16. Jahrhundert. Unter den beiden seitlichen Anbauten befinden sich die Grablegen der Gutsherrschaften.

Steile Hänge und rauschendes Wasser

Hinter Vorbeck erreicht die Warnow die Gemeinde Langen Brütz. An der Brücke, über die die Kreisstraße von Leezen nach Crivitz die Warnow überquert, findet der Wanderer ein munteres, etwa acht Meter breites Flüsschen vor, das mit etwa einem Meter in der Sekunde dem Meer entgegen strebt. Ein Drittel des Weges hat die Warnow hier bereits geschafft. Am linken Ufer liegt Langen Brütz, gegenüber Kritzow. Unterhalb der Straßenbrücke werden die Flussufer steiler. Es ist das erste Durchbruchstal der Warnow. Mühsam musste sie sich einen Weg bahnen durch die von den eiszeitlichen Gletschern aufgetürmten Massen aus Kies und Geröll. Was der Fluss nicht wegtragen konnte, liegt im Flussbett zwischen den 20 Meter hohen Hängen und verwandelt das leise Dahinströmen in ein lautes Gurgeln und Plätschern.

Viel zu bieten hat die Landschaft dieser Region. Feuchte Senken und trockene Hügel wechseln einander ab. Findige Bürger haben einen »Archäologischen Lehrpfad« entwickelt und umgesetzt. Und zu entdecken gibt es wahrlich viel auf den sieben Kilometern durch eine mecklenburgische Kulturlandschaft. Einprägsame Schautafeln erklären dem Interessierten Landschaft, Natur und

Die Fischtreppe bei Vorbeck, das dortige Herrenhaus (oben) und die Kirche Vorbeck

Geschichte. Am Ufer des Kritzower Sees befinden sich die Relikte einer weiteren Ritterburg, *de olle Hof* genannt. Reste des Grabens, der den Hof einst ringsum umgab, sind noch gut zu sehen. Am Rand der Anlage steht der *Turmhügel*, ein runder Erdwall, der einst einen Wehrturm vor Rammen und anderen Belagerungsinstrumenten sichern sollte. Diesen Schutz hatte sein Besitzer bitter nötig, auch Heinrich von Bülow war, so berichtet eine Lübecker Chronik zum Jahr 1385, ein berüchtigter Raubritter.

Im nördlichen Teil der von kuppigen Endmoränen gezeichneten Gemarkung haben sich zahlreiche archäologische Denkmäler erhalten. Ein Großsteingrab aus der Jungsteinzeit (3000 bis 1800 v. Chr.) und zahlreiche Hügelgräber der älteren Bronzezeit (1800 bis 600 v. Chr.) säumen den Weg und verraten sich schon von weitem durch kleine Bauminseln im hügeligen Acker. Unweit des Glasermoores arbeitete zwischen 1615 und 1747 eine Glashütte, eine der vielen Anlagen, die das heute wieder begehrte mecklenburgische Waldglas produzierten.

Auf dem »Uhuberg« befindet sich ein 1925 von der Kritzower Gutsherrschaft angelegter Waldfriedhof. Auch der Naturliebhaber kommt auf seine Kosten, uralte Hainbuchen sind ebenso zu finden wie Wollgras, Wasseriris und Grasnelke. Immer wieder bietet sich ein unvergesslicher Blick auf die Moränenlandschaft. Informationen zur Tour erhält man im Landhaus Bondzio in Langen Brütz, wo man auch das 2006 eröffnete »Mecklenburger Waldglasmuseum« besichtigen kann.

Glas aus Mecklenburg

Aus heutiger Sicht ist es kaum zu glauben, aber vor drei Jahrhunderten war Mecklenburg das Zentrum deutscher Glasproduktion. Das heute im Land nahezu vergessene Handwerk gehörte im 17. und 18. Jahrhundert zum gewöhnten Bild im ländlichen Raum. Die erste aus den Akten bekannte Glashütte war die von Kritzow. Der Besitzer des Dorfes, Dietrich von Bülow, schloss mit Glasmeister Frantz Kunckel einen Vertrag über den Verkauf von Holz aus seinem Wald, als auch über die Anfuhr des für die Errichtung der Glashütte erforderlichen Baumaterials. Letztlich kam aber nicht Kunckel nach Kritzow, sondern der Hüttenmeister Elias Wentzel aus Lüneburg. Beide stammten aus damals bekannten Glasmacherfamilien. Der Holzverbrauch einer Glashütte war immens. Die Vorräte in Kritzow reichten gerade zwei Jahrzehnte, dann musste aus dem benachbarten Gut Müsselmow Holz zugekauft werden. Dieser Holzmangel und der über Mecklenburg hereingebrochene Krieg bedeuteten jedoch das baldige Ende der Hütte. 1662 eröffnete eine zweite Hütte in Kritzow, die jedoch aus Geldmangel bald wieder einging. Noch vor 1700 wurde der Betrieb aufgenommen, dieses Mal bis 1707. 1726 nahm der nächste Hüttenmeister seinen Betrieb auf. Weil aber auch dieses Mal das Holz nicht lange vorhielt, entschloss man sich 1738 zur Verlegung der Hütte nach Müsselmow, aber Ende der 1740er Jahre endete der Betrieb auch hier.

Im Laufe des 17. Jahrhunderts entstanden auf vielen Rittergütern Glashütten. Einerseits brachten die Glasproduktionen einen ansehnlichen Gewinn, andererseits war die eine gute Möglichkeit, Waldflächen zu roden und anschließend einer ackerbaulichen Nutzung zuzuführen. Der Bevölkerungsanstieg nach den verheerenden Verlusten des Dreißigjährigen Krieges führte ohnehin zu einer wachsenden Nachfrage nach landwirtschaftlichen Produkten.

Die Glashütten produzierten solange, wie Brennstoff vorhanden war. Dann zog man – meist schon nach zehn bis zwanzig Jahren – weiter, immer dem Rohstoff nach. In der Mitte des 18. Jahrhunderts endete der Boom. Nur eine Hütte wurde in der Mitte des 19. Jahrhunderts neu gegründet: die Glashütte bei Alt Schwerin. Energielieferant war hier jedoch nicht das Holz, sondern Torf aus den Lagerstätten am Nordufer des Plauer Sees. Dieser Betrieb arbeitete bis 1905.

Hergestellt wurden vor allem unterschiedliche Flaschen, Schalen und Vorratsgefäße, aber auch Apothekergeschirr und Gniedelsteine sowie Fensterglas. Die Produkte blieben nicht nur im Lande, sondern wurden bis nach Westeuropa verkauft. Das Glas war zumeist grün, die Formen einfach. Produziert wurde kaum Luxusbedarf, sondern preiswerte Massenware, die heute allerdings selten geworden und – als ›Waldglas‹ bekannt – unter Sammlern begehrt ist.

Weiter entlang der Warnow

Eine Wegstrecke des Lehrpfades führt an die Warnow. Ein tief in den Hang eingeschnittener Hohlweg belegt eine Jahrhunderte lange Nutzung dieses Weges, der jenseits von Karnin wieder auf die Hochfläche in Richtung Kleefeld führt. Unten an der Warnowbrücke erblickt man die Ruinen der Richenberger Wassermühle. Bis 1955 war sie in Betrieb, aber ihr genaues Alter kennt niemand. Erstmals genannt wird sie 1317, sicher aber ist sie einige Jahrzehnte älter. Und sie bewahrt einen alten Namen.

Richenberg hieß die Burg, auf welcher der glücklose Fürst Pribislaw von Parchim residierte, bevor er 1256 aus dem Lande vertrieben wurde. Er war einer der vier mecklenburgischen Fürsten, die seit etwa 1230 jeder für sich je einen Landesteil regierten. Um 1240 schlug er hier seine zweite Residenz auf und nannte sich seitdem *Herr Pribislaw von Richenberg*. So jedenfalls liest man es auf seinem Siegel, welches er im Jahr 1247 an eine Urkunde hängte. Nur wenige Urkunden sind aus seiner Zeit erhalten geblieben. Wir wissen aber, dass Pribislaw die Stadt Goldberg und wahrscheinlich auch Sternberg gründete.

Keiner kann sagen, wie weit der Bau der Burg fortgeschritten war, als Pribislaw nach heftigen Auseinandersetzungen mit dem Schweriner Bischof sein Land 1256 verlassen musste und nach Pommern ins Exil ging. Dort verlieren sich die Spuren dieses Zweigs des mecklenburgischen Fürstenhauses.

Nachdem sich die Brüder des Pribislaw dessen Herrschaft geteilt hatten, fand man keine Verwendung für die Burg mehr. Die Geschichte hüllte sie in ein so tiefes Dunkel,

Der Hohlweg an der Richenberger Mühle und deren Ruinen bei Karnin

dass man bis heute keine sicheren Spuren dieser Burg entdecken konnte.
Was blieb, war die einsam gelegene Mühle. Das unmittelbar benachbarte Dorf Karnin besteht hier erst seit dem 18. Jahrhundert. Nur den Hof neben der Mühle gab es, den zur Kleefelder Herrschaft gehörende Richenberger Krug. Seit der Mitte des 19. Jahrhunderts bildet der Paulsdamm den nördlichen Zugang zur Landeshauptstadt Schwerin. Bevor er in den Jahren 1840 bis 1842 mitten durch den Schweriner See gebaut wurde, führte der Landweg von Schwerin über die Mueßer Fähre und Richenberg nach Brüel. Danach kamen nur noch die Mahlgäste zur Richenberger Mühle, die 1843 einem Erbpächter übergeben worden war. Seitdem hatte er für die Erhaltung der Brücken auf dem Mühlengrundstück Sorge zu tragen. Mehr aus Gefälligkeit erlaubte er dem einen oder anderen, über die Brücken zu fahren. Unter der Last beladener Wagen litten die Brücken über die beiden Warnowarme, niemand jedoch beteiligte sich an den Kosten der Unterhaltung. Bald entbrannte ein Streit mit Gutsbesitzer von Henckel auf Kleefeld wegen des Wegerechts über die Warnowbrücken. Der Mühlenpächter wurde nicht müde zu betonen, dass der eigentliche Weg außerhalb des Mühlengrundstückes durch eine Furt verlief. Nach Jahren der Auseinandersetzungen sperrte Mühlenpächter Rennecke 1899 die Brücke, was auch die Mecklenburger Nachrichten am 1. Juli mit einer kurzen Notiz verkündeten. Seitdem nahm der Verkehr wieder ab. Heute ist der Weg dem Wanderer vorbehalten, von der Mühle blieben die Fundamente.
Das gesamte Gebiet links der Warnow bis hin zum Cambser See gehörte zur Gutsherrschaft Kleefeld. Zum fast 1.000 Hektar großen Betrieb zählten die Ortschaften Kleefeld, Brahlstorf, Brahlstorfer Hütte, Karnin und Richenberger Krug. Mit der Gründung des Gutes Kleefeld im 18. Jahrhundert nahm man umfangreiche Umstrukturierungen für eine effektiver arbeitende Gutswirtschaft vor. Für die damalige Schlagkoppelwirt-

Im Warnowtal bei Karnin. Hier in der Nähe hatte Pribislaw von Parchim seine Residenz

schaft musste das alte Dorf Karnin vom Ufer des Cambser Sees weichen und wurde unweit der Richenberger Mühle wieder aufgebaut. Das einstige Bauerndorf Brahlstorf diente nun als Siedlung für die Gutsarbeiter. Das Gut Kleefeld – der letzte Eigentümer bis zur Bodenreform im September 1945 war Johannes Bremer aus Hamburg – liegt heute etwas versteckt unmittelbar neben der B 104 bei Brahlstorf. Das Herrenhaus aus der Zeit um 1820 wurde um 1920/30 umgebaut. Der weitgehend sanierte Gutshof ist ein typisches, aber selten gewordenes Beispiel für mecklenburgische Landgüter. Das Warnowtal bei Karnin befindet sich heute wieder im Besitz der Natur. Nur das monotone Rauschen der Warnow untermalt die Gesänge der Vögel. Der Feldweg zwischen Karnin und Kritzow ist für Autos nicht mehr befahrbar. Die Mauern der Wassermühle hat sich die Natur zurückerobert. Seit 1982 steht das Tal unter Naturschutz. In der 1991 eingerichteten Naturschutzstation Karnin erfährt man viel Wissenswertes über das 112 Hektar große Schutzgebiet. Der Verein »Das Warnow-Richenberger Land e. V.«, Leezen/Zittow, kümmert sich seit mehreren Jahren um die Erforschung dieser historisch überaus interessanten Region, die im wahrsten Sinne des Wortes so manchen Schatz bereithält. Im Winter 2002/2003 bargen Mitglieder des Vereins unweit von Richenberg einen kleinen Hort von Silbermünzen aus dem 13. Jahrhundert, also aus einer Zeit, in der ein mecklenburgischer Fürst seinen Hof hoch über der Warnow hatte.

Das Herrenhaus Kleefeld vor dem Umbau, um 1870, und das heutige Gut Kleefeld

Die Dorfkirche Müsselmow (oben) die Warnow bei Zaschendorf (unten)

Alte Rittergüter und fleißige Biber

Unterhalb des Durchbruchs bei Richenberg war der Mensch wieder aktiver. Auf einer längeren Strecke wurde die Warnow in den Jahren 1938 bis 1940 begradigt. Die Fließgeschwindigkeit erhöhte sich, aber die Landschaft litt Schaden. Ein vor wenigen Jahren zurückgebautes Wehr verhinderte den freien Durchfluss.

Und die Warnow erhält wieder Verstärkung. Ein Bächlein namens Göwe, von Holzendorf und Müsselmow kommend, vereinigt sich mit der auf vielen Strecken wie mit dem Lineal gezogenen Warnow, die knappe eineinhalb Kilometer weiter im Mickowsee versinkt. Die angrenzenden Dörfer Müsselmow, Holzendorf und am linken Ufer der Warnow das Dörfchen Zaschendorf sind verträumte frühere Gutsdörfer. Die Höfe und die Herrenhäuser sind heute nur noch ein Schatten ihrer selbst, das Herrenhaus von Müsselmow – es stand auf den Resten eines mittelalterlichen Hofes der Familie von Plessen – ist vor wenigen Jahren verschwunden, das Herrenhaus in Zaschendorf und das seltene Torhaus des Gutes mit seinem barocken Mansardendach wurden in buchstäblich letzter Minute gerettet.

Ähnliches Glück hatten die Dorfkirchen. Die alte Zaschendorfer Fachwerkkirche war schon verschwunden und ist erst vor wenigen Jahren wieder aufgebaut worden. Die ersten Aktionen zur Rettung der gotischen Backsteinkirche aus dem 15. Jahrhundert in Müsselmow führten zur Gründung des Vereins »Dorfkirchen in Not« und nun wird seit Jahren mit viel Eigeninitiative und Mitteln der Deutschen Stiftung Denkmalschutz weiter gebaut und die Kirche so vor dem einst sicheren Verfall bewahrt. Seit 1952 traf sich dort keine Gemeinde mehr. Die gotische Kirche in Holzendorf mit ihrem neugotischen Chor von 1855 muss noch saniert werden. Ob sie dann aber weiterhin die verträumte Schönheit unter hohen Bäumen und Efeu sein wird, sei dahingestellt. Holzendorf wird in den frühesten Urkunden *villa Holtzatorum* – Dorf der Holsten – genannt, ein deutlicher Hinweis auf die Herkunft der Siedlungsgründer im 13. Jahrhundert.

Eine weitere Kirche der Region stand vor der Reformation in Schönlage, das bis 1810 Poverstorf hieß. Ihre Spuren hat die Geschichte verweht. Die Geschichte der Dörfer, aber auch vieler anderer in der Nachbarschaft, verbindet sich mit dem nicht immer friedlichen Nebeneinander alter mecklenburgischer Adelsfamilien, so die von Barnekow auf Gustävel, Golchen und Zaschendorf, die von Barner auf Sülten und Zaschendorf, von Preen auf Nutteln, von Plessen auf Müsselmow und Holzendorf sowie die von Pressentin auf Weitendorf.

Der 57 Hektar große, aber nur sehr flache Mickowsee ist ein kleines Naturparadies. 1569 stritten sich Johann von Barner auf Zaschendorf und die Preens auf Nutteln erbittert um die Nutzungsrechte an diesem See. Auf 15,2 Meter über dem Meeresspiegel gelegen, ist er einer der wenigen Seen, den die Warnow unmittelbar durchfließt. Ein

Der Mickowsee und das Wehr an der Warnow bei Gustävel

Stückchen weiter baggerte man vor über 40 Jahren eine Abkürzung für den Fluss. Etwas über einen Kilometer kürzer geworden ist er und fließt nun gut einen Meter tiefer als vorher. Den 41 Hektar großen Rummelbornsee hat man damit aus dem Lauf der Warnow herausgenommen. Er und der kleinere Neddersee in unmittelbarer Nachbarschaft sind heute nahezu völlig verschilft. Mit dem Holzendorfer See bilden diese Wasserflächen ein wertvolles Naturschutzgebiet, das 1941 deklariert und 1967 und 1982 auf insgesamt 177 Hektar erweitert wurde.

Abseits öffentlicher Wege – nur die Mickow kann von Wasserwanderern durchquert werden – führen seltene Libellen und Lurche ein ungestörtes Dasein. Ob aber die unlängst begonnenen Renaturierungsmaßnahmen den Seen ihr altes Gesicht zurückgeben werden, bleibt abzuwarten. Zwischen dem Mickowsee und dem Rummelbornsee befindet sich noch das Wehr bei Gustävel als untrügliches Zeugnis menschlicher Eingriffe, aber es ist durchlässiger geworden aufgrund einer Fischtreppe an seiner rechten Seite. Die Brücke über die Warnow an der Straße von Crivitz nach Brüel wurde 1913 bis 1916 erbaut.

Inzwischen trifft man an der Warnow wieder regelmäßig auf die Spuren eines begabten Dammbauers, des Bibers. Eigentlich war er im 19. Jahrhundert schon ausgerottet. In den Jahren 1990 und 1992 versuchte man, letztlich erfolgreich, die Wiederansiedlung von Elbe-Bibern. Diese haben sich an der mittleren Warnow ausbreitet und sind inzwischen dabei, sich weiteren Lebensraum an einigen Nebenflüssen zu erobern. Selbst am baumlosen Abschnitt der Warnow bei Gustävel ist er heimisch geworden. Um das Wohl der Biber kümmert sich die Naturschutzstation »Haus Biber & Co« im 1445 erstmals erwähnten Alt Necheln. Dort kann man sich über das Leben des Bibers informieren. Besondere Highlights sind die jährlich stattfindenden »Biber-Tage«.

Biber am Ufer der Warnow

Am gesamten Warnowlauf zu beobachten ist der Fischotter. Ebenso wohnt hier der Siebenschläfer. Im Wasser nachgewiesen wurden 29 Fischarten, elf davon sind gefährdet. Unter ihnen befinden sich Vagabunden der Flüsse wie Meerforelle und Flussneunauge. Seit Jahren beobachtet der Verein »Heimische Wildfische e. V.«, Wendorf, die Entwicklung mit Besorgnis und engagiert sich bei der Neuansiedlung der Meerforelle im Oberlauf der Warnow und ihren dortigen Zuflüssen.

Am 7. Dezember 2008 schlossen sich in Rühn Angler, Gewässerschützer und ehrenamtliche Fischereiaufseher zum Verein »Salmoniden- und Gewässerschutz MV e. V.«, Rostock, zusammen. Auch er betreibt den Schutz der gerade wieder in der Beke und anderen Nebenflüssen der Warnow laichenden Meerforellen, wobei die Aufdeckung von Wilderei eine der wichtigsten Aufgaben ist.

Mehr Natur für die Warnow …

Nach einer 2004 abgeschlossenen Erhebung des Staatlichen Amtes für Umwelt und Natur (StAUN), in der 659 km Fließgewässer im Warnoweinzugsgebiet analysiert wurden, sind 250 km sehr naturnah geblieben. Dazu gehören das von den Meliorationen der 1970er Jahre verschont gebliebene und deshalb 1990 zum Naturschutzgebiet erklärte »Untere Warnowtal« zwischen Rostock und Schwaan sowie die Durchbruchstäler von Warnow, Mildenitz und Nebel. Weitere 120 km sind gering, 151 km mäßig beeinträchtigt. Nur 12 km wurden als stark geschädigt eingestuft, recht wenig im Gegensatz zur den über Kilometer begradigten und mit Querbauten bestückten Flussläufen von Recknitz und Trebel. Ein bedeutendes Problem stellten aber auch im Warnowgebiet die Wehre da, die in den meisten Fällen für die Lebewesen im Wasser unüberwindliche Barrieren darstellten. An vielen Stellen der Warnow und ihrer Nebenflüsse wurden in den letzten Jahren diese Hindernisse für den Fischzug beseitigt. Im April 2004 ist das alten Wehr in Vorbeck abgerissen worden und schon im Dezember konnten die Bauarbeiten an der neuen Fischtreppe beendet werden. Im Laufe der Jahre 2004 und 2005 entstanden so der erste Mäander-Fischpass in Mecklenburg-Vorpommern bei Rothen an der Mildenitz sowie zwei weitere Fischaufstiegshilfen. Die Anlagen befinden sich an der Warnow zwischen Vorbeck und Gneven sowie an der Mildenitz in Rothen und Dobbertin.

Die feierliche Inbetriebnahme dieser drei Anlagen fand am 6. Juli 2005 statt. Das war der vorläufige Höhepunkt der seit 1992 laufenden Arbeiten, bei denen im Gewässer vorhandene Querbauwerke, wie Wehre und Sohlabstürze, schrittweise rück- oder umgebaut wurden. Die erste in Mecklenburg-Vorpommern erbaute Fischaufstiegshilfe dieser Art befindet sich an der Mildenitz bei Rothen, eine rund 117.000 Euro teure Investition für die Natur, wurde aus öffentlichen und privaten Mitteln finanziert. Die Kosten trugen die Wasserkraft Zülow GbR, auf Basis eines öffentlich-rechtlichen Vertrages, sowie das Umweltministerium des Landes aus Mitteln des Naturschutzes aus dem Ersatzgeldfonds und das Landwirtschaftsministerium mit Mitteln aus der Fischereiabgabe. Ein Mäander-Fischpasses in Rothen ermöglicht mit relativ wenig Wasser einen problemlosen Auf- und Abstieg der Fische. Mehrere aufeinander folgende Rundbecken erzeugen eine mäandrierende, turbulenzarme Strömung. Die Fischaufstiegshilfen an der Warnow in Vorbeck (ca. 100.000 Euro) und an der Mildenitz in Dob-

Biberspuren

bertin (ca. 102.000 Euro) sowie die vielen anderen Rückbauten wurden aus Mitteln der Wasserwirtschaft vom Umweltministerium des Landes finanziert.
Schon wenige Tage nach den Feierlichkeiten in Rothen folgte die Fertigstellung des Nebelhauptwehres in Güstrow. Im Oktober kamen zwei Fischtreppen am Brüeler Bach, in Sülten und in Brüel, hinzu. Die Investitionen beliefen sich auf rund 218.000 Euro. Und wo die alten Wehre blieben, kam zumindest an der Flanke eine Aufstiegshilfe hinzu. Insgesamt wurden an und Mildenitz nach der Wende mehr als 30 Wehre rück- oder umgebaut. Damit können die Fische wieder ungehindert den Oberlauf der Warnow erreichen. Damit war der Weg frei für die Meeresforellen, die in den letzten Jahren in der Warnow ausgesetzt wurden. Bis Ende 2005 wurde auch für die Mildenitz vom Einlauf in den Goldberger See bis zur Mündung in die Warnow die vollständige ökologische Durchgängigkeit geschaffen.
Investitionen für den Rückbau von Querbauwerken sind nur ein Teil im Puzzle der Renaturierung der Gewässer im Warnowgebiet. Das Gesamtkonzept sieht eine Fülle weiterer Maßnahmen vor, die die Warnow und ihre Nebenflüsse weitgehend ihr altes Gepräge zurückgeben und nachhaltig schützen sollen. Durch Meliorationsmaßnahmen abgetrennte Altarme sollen wieder an die Flüsse angeschlossen und trockengelegte Wiesen und Moore vernässt werden. Ein Gewässerrand soll dem Fluss Raum geben und ihn stärker von intensiv bearbeiteten landwirtschaftlichen Nutzflächen trennen. Die Unterhaltung und Pflege der Gewässer soll den natürlichen Gegebenheiten angepasst werden. Zu greifen begonnen haben bereits die Umsetzung der Trinkwasserschutzzonenordnung für Rostock und die Abwasserbeseitigungskonzepte. Ein Bewirtschaftungsplan ist in Vorbereitung. Aber das eigentliche Ziel, eine saubere Warnow, wird erst in vielen Jahren zu erreichen sein.

Weiter entlang der Warnow

Bei Alt Necheln führt eine kleine Holzbrücke über die Warnow. Wegen der plastisch verzierten Pfeiler wird sie auch »Zwei-Männer-Brücke« genannt. Der Fluss fließt weiter vorbei an Nutteln, Golchen und Necheln zur Linken sowie Gustävel und Schönlage zur Rechten. Es gibt eigentlich nicht viel zu berichten aus diesen Dörfern. Immerhin aber wurde Golchen schon 1219 urkundlich

Herrenhaus Kaarz

erwähnt. Ein slawisches Geschlecht namens Retiburize hatte hier weichen müssen, um das Dorf dem Kloster Sonnenkamp, dem heutigen Neukloster, übergeben zu können; möglicherweise waren sie die Nachfahren der Erbauer des mächtigen Ringwalles hinter dem Herrenhaus. Leider befindet sich der sehenswerte Wall auf privatem Grund und kann daher nicht ohne weiteres besichtigt werden.

Zu einem Besuch laden Herrenhaus und Park Kaarz ein, gut zu erreichen über die beeindruckende Kastanienallee von Weitendorf aus. Das Herrenhaus wurde 1873 errichtet. Der Hamburger Reeder und Kaufmann Julius Johann Hüniken hatte das Gut vier Jahre zuvor von der Familie von Bülow erworben und nach seinen Vorstellungen umgestaltet.

Der sieben Hektar große Park ist erst teilweise instand gesetzt worden, aber schon heute mehr als nur einen Spaziergang wert. Seltene Gehölze und ein zwischen 1945 und 1982 stark beschädigtes Mausoleum gehören zu den interessanten Objekten des Parks. Hier ließen sich Johann Wilhelm und Sarah Wilhelmine von Hüniken beisetzen. Zuletzt wurde das Herrenhaus in der DDR als Altenheim genutzt und wegen erheblicher baulicher Mängel im Jahr 1988 aufgegeben. Heute befinden sich hier ein Hotel und Ferienwohnungen, betrieben von der Familie der einstigen Besitzer.

13 Meter breit und bis eineinhalb Metern tief ist sie jetzt, die sich entlang der Gemarkungsgrenze von Kaarz schlängelnde Warnow, und sie nähert sich nun Weitendorf, wo die B 104 sie überquert. Zwölf Meter Höhenunterschied sind es noch bis zum Meer. Weitendorf ist ein kleines Gutsdorf, dessen Mittelpunkt, ein Herrenhaus aus dem 19. Jahrhundert, etwas sanierungsbedürftig ist. An der Warnow befindet sich ein kleiner Rastplatz für Wasserwanderer.

In Weitendorf treffen Warnow und Brüeler Bach aufeinander

Sülten am Brüeler Bach (oben) und die Antoniter-Präzeptorei in Tempzin

Von Salzquellen, den Sternberger Juden und der Reformation

Der Brüeler Bach, wenig unterhalb des Weitendorfer Rastplatzes einmündend, ist der nächste Zufluss der Warnow, und es ist der bisher größte. Etwas bachaufwärts, bei Sülten, erwartet den Naturfreund eine besondere Rarität. Schon der Name des Ortes weist darauf hin: Salz.

In den Wiesen unterhalb der exponiert auf einem Hügel liegenden gotischen Kirche mit ihrem neugotischen Turm entspringt eine salzige Quelle. Sie enthält so viel Salz wie die Ostsee in der Wismarbucht. 1222 kam die Quelle in den Besitz der Tempziner Antoniter, die die Quelle ausgebeutet haben werden, auch wenn darüber keine Nachrichten erhalten sind. Irgendwann im 14. Jahrhundert hatte auch die Landesherrschaft Besitz in Sülten und verliehen diesen an die Ritter von Barner, deren Familie bis um 1600 in Sülten saß und die Saline bewirtschaftete.

Was dann geschah, ist nicht überliefert, aber unter Herzog Friedrich Wilhelm von Mecklenburg (1675–1713) wurde die Saline reaktiviert. Schon 1731 beklagte sich der Salinenverwalter über Holzmangel, den Anwohnern blieb nur noch das Abräumen der Gradierwerke.

Trotz Beeinträchtigungen durch die intensive Landwirtschaft der letzten Jahrzehnte hat sich an der Quelle eine einzigartige Salzflora ausgebildet. Sie sorgte für die Ausweisung eines 17 Hektar großen Naturschutzgebietes, welches nicht betreten werden darf.

Der Brüeler Bach nutzt für seinen Lauf eine eiszeitliche Schmelzwasserrinne, die ihm einen fast geraden Lauf von Norden nach Süden vorgibt. Eine ganze Reihe klarer Seen passiert er auf seinem Weg zur Warnow, darunter den Neuklostersee, den Wariner See und den Tempziner See. An seinem Ufer liegen historisch interessante Stätten wie das 1219 gegründete Zisterzienserinnenkloster Sonnenkamp, das spätere Neukloster, und das Antoniter-Hospital in Tempzin.

Warin wurde bekannt als bischöfliche Residenz, auch wenn von der Burg kaum noch Spuren erkennbar sind. In Warin wurde der Maler Ernst Lübbert (1879–1915) geboren. Aus Brüel stammt der bekannte Rostocker Verleger Dethloff Carl Hinstorff (1811–1882), der unter anderem die Werke des bedeutenden Schriftstellers niederdeutscher Mundart Fritz Reuter (1810–1874) herausgab.

Gleich hinter dem Zusammenfluss von Warnow und Brüeler Bach führt ein dunkler Tunnel die Warnow unter der Eisenbahnlinie von Wismar über Blankenberg nach Karow hindurch. Früher fuhren ein paar Bummelzüge die Strecke hin und her, heute gehört der Bahndamm der Natur. Fast jedenfalls, denn ab und zu ist doch noch ein Zug im Auftrag eines Sternberger Biodieselproduzenten unterwegs.

Bald erreicht die Warnow ein historisch interessantes Gebiet, sie selber wurde Teil dieser Geschichte. Immer wieder erklärte man die Warnow bei Sternberg zur Grenze. Sie war dadurch zwar keineswegs unüberwindlich wie manch andere dieser Sorte, aber sie trennte Herrschaften und verband sie zugleich. Wie das geht? Eigentlich war diese Grenze nämlich kein Problem, denn sie blieb in der Familie, in der Familie der Fürsten und späteren Herzöge von Mecklenburg. Im 13. Jahrhundert trennte sie die Herrschaften des Johann von Mecklenburg und Pribislaw von Parchim-Richenberg; dessen schon erwähnte Burg war praktisch auch eine Grenzstation. Nach 1256 bekam Fürst Johann das Land Sternberg dazu. Damit war die Grenze vorerst ohne Bedeutung. Als aber die Herzöge von Mecklenburg ihre Herrschaft 1352 in die Linien Mecklenburg und Stargard teilten, bekam der Stargarder als Ausgleich für seinen etwas klein geratenen Teil das Land Sternberg und die Vogtei Lübz. Da war sie wieder, die Grenze. Auf das verbindende Element verweist bis heute ein Gedenkstein. Er steht an der Brücke über die Warnow, wenn man von Sternberg nach Sagsdorf fährt. Regelmäßig nämlich traf sich an dieser Stelle die ständische Vertretung des Landes, beriet und stritt mit den Herzögen über Politik, Steuern und alles andere was Geld kostete oder eben nicht kosten durfte. Wann man sich das erste Mal an der Sagsdorfer Brücke traf, ist nicht überliefert.

Gedenkstein an der Sagsdorfer Brücke und »Die Einführung der Reformation« in der Sternberger Kirche

1277 wissen wir von einem Landtag vor Sternberg, wo genau, wird nicht gesagt. Erst eine Rostocker Gerichtsrechnung von 1403 belegt eindeutig die Sagsdorfer Brücke. Eine der wichtigsten Entscheidungen, die der Landtag ebendort traf, war die Einführung der Reformation in Mecklenburg im Jahr 1549. Daran erinnert neben dem Gedenkstein auch ein großes Historiengemälde im Turmraum der Stadtkirche von Sternberg, geschaffen im Jahr 1896 vom Malchiner Maler und späteren Kunstprofessor Fritz Greve (1863–1931).

Die ständische Vertretung war es, die das Land Mecklenburg trotz aller Landesteilungen über die Jahrhunderte zusammenhielt, auch wenn sie letztlich die Ursache dafür war, dass Mecklenburg ein rückständiges Agrarland blieb. Auch dies sollte der Wanderer wissen, denn das erzählt der Stein nicht.

Auf ein paar Kilometern bildet die Warnow die westliche Grenze der Stadtfeldmark Sternberg, und zwar, seitdem die Stadt im 13. und 14. Jahrhundert die Dörfer Dämelow, Lukow und Zarnikow erworben und einverleibt hatte. Die Stadt gewahrt man erst, wenn man das Tal verlassen und die Hochfläche der Sternberger Flur erklommen hat, aber dann genießt man ein eindrucksvolles Panorama: der Kirchturm der Stadt mit seiner barocken Haube inmitten einer flachwelligen Kulturlandschaft.

Das kleine Mühlentor und die prächtige gotische Hallenkirche in Sternberg

Obwohl Sternberg eine der jüngeren Städte im westlichen Mecklenburg ist, gegründet durch Pribislaw von Parchim-Richenberg, spielte die Stadt der Landtage in der Geschichte Mecklenburgs mehrfach eine wichtige Rolle. Nach einem fürchterlichen Brand um 1308 – es sollte nicht der letzte gewesen sein – erwählte Fürst Heinrich II. der Löwe von Mecklenburg die Stadt zu seiner Residenz, nachdem ihn die Wismarer verärgert hatten. Aus dieser Zeit stammt die stattliche Stadtkirche. Die Landtage – in späteren Jahrhunderten teilte sich Sternberg die Ehre mit der Stadt Malchin – sollten bis ins 20. Jahrhundert hinein Tradition bleiben. Nur traf man sich nicht mehr unter freiem Himmel an der Sagsdorfer Brücke, sondern in den Rathäusern.

Auch ein trauriges Kapitel mecklenburgischer Geschichte verbindet sich mit Sternberg. 1492 gab es ein Pogrom, die in der Stadt lebenden Juden wurden nach einer angeblichen Hostienschändung verbrannt und anschließend alle Juden aus Mecklenburg vertrieben. Die Stadt erlebte mit den folgenden Wallfahrten – man suchte Seelenheil und Vergebung der Sünden – ein lebhaftes touristisches Leben, dem mit der Reformation ein Ende bereitet wurde. Die Tischplatte, auf der die Juden die Hostien geschändet haben sollen, und ein Relief mit der Darstellung der Judenverbrennung werden immer noch in der Stadtkirche aufbewahrt.

Heute ist Sternberg ein bescheidenes Landstädtchen und ernährt sich von Handwerk, Landwirtschaft und Tourismus. Aber auch die innovative Technik der Gegenwart hält Einzug. Zur Saison 2006 hat die »ecoMotion GmbH« eine Biodieselanlage in Betrieb genommen. Sie verarbeitet Raps aus Mecklenburg, 100 Millionen Liter Biodiesel jährlich. Bekannt ist Sternberg aber auch für ein ungenießbares Gebäck, den »Sternberger Kuchen«. Das sind Schalen von urzeitlichen Muscheln, Schnecken und Korallen, die in einer braunen Masse zu einem festen Gestein erhärteten.

In den Kiesgruben zwischen Sternberg und dem Schweriner See wird der »Sternberger Kuchen« besonders häufig gefunden.

Mit den Kanuten durch das Warnowtal

Verlässt man Sternberg in Richtung Norden, der alten Landstraße nach Bützow folgend, erreicht man nach wenigen Kilometern den Ortsteil Sternberger Burg. An der Brücke über die Mildenitz findet man einen beliebten Startplatz für Wasserwanderungen durch das Warnowtal.

Thomas Nugent bereiste im Jahr 1766 das Herzogtum Mecklenburg und kam diese Straße entlang. Er schrieb in seinem Reisebericht: *Bald nachher erreichten wir den edlen Warnow-Strom, der sich durch die Wiesen hindurchschlängelt und eine fruchtbare Gegend wässert. Dieser schöne Fluss entspringt mitten im Herzogtum Mecklenburg zwischen den Fürstentümern Schwerin und Wenden, nicht weit vom Gut der Herzberg. Unweit von Sternberg vereinigt er sich mit der Mildenitz und Nebel, macht alsdann bei Rostock einen See und Hafen, und ergießt sich endlich unweit Warnemünde in die Ostsee.*

Wo sich Mildenitz und Warnow treffen, sind es noch 6,6 Höhenmeter bis zum Meer. Und die meisten davon schafft die Warnow auf den nächsten paar Kilometern. War die Warnow bei Sagsdorf um die 9 Meter breit, braucht sie nun, durch das Wasser der Mildenitz gestärkt, gute 15 Meter bei einer Tiefe von 1,5 Metern. Die Mündung der Mildenitz liegt bereits im dritten, 1965 eingerichteten Naturschutzgebiet an der Warnow, dem Mildenitz-Warnow-Durchbruchstal, das drei Kilometer lang und 80 Hektar groß ist.

»Sternberger Kuchen« und das Warnowtal am Zusammenfluss von Warnow und Mildenitz bei Sternberg

Die Mildenitz

Die Mildenitz entspringt unweit des Dorfes Plauerhagen im Landkreis Parchim in einem Moorgebiet, also nur wenige Kilometer westlich des Plauer Sees. Von dort fließt sie zuerst nach Nordwesten zum Penzliner See und dann weiter zum Damerower See. Als kanalisierter Graben erreicht sie das Naturschutzgebiet Serrahn, ein im Zuge der Senkung des Goldberger Sees abgelassener See, und den maximal 3 bis 4 Meter tiefen Goldberger See. In Goldberg trieb sie eine Wassermühle an, und weiter führt der Lauf in den Dobbertiner See. Weniger Kilometer hinter Dobbertin hat sie ihr eigenes Durchbruchstal. Sie durchfließt weitere kleinere Seen wie den Schwarzen, den Borkower und den Rothener See. In Borkow unterquert das muntere Flüsschen die B 192. Ein Stück unterhalb des Rothener Sees zweigt ein Kanal vom natürlichen Flussbett ab und nimmt das meiste Wasser mit sich. Er endet am Wasserkraftwerk Zülow, mit einem Gefälle von 12 Meter das größte Wasserkraftwerk Mecklenburgs. Im weit verzweigten Sternberger See treffen sich beide Wasser wieder. Jenseits des Sees, wo noch ein Wehr zu überwinden ist, bleibt nur noch eine kurze Strecke bis zur Mündung in die Warnow. Insgesamt führt sie das auf 523,8 Quadratkilometern gesammelte Wasser mit sich, in der Sekunde sind das bis fast sieben Kubikmeter, im Mittel rund 3,4 Kubikmeter, die sich in die Warnow ergießen.

Naturschutzgebiet »Warnowdurchbruchstal«

Weiter entlang der Warnow

Das Warnowtal gehört zum »Sternberger Seenland«. Dieser Naturpark wurde erst in den letzten Jahren realisiert, und auch wenn sich anfangs nicht jede der beteiligten Gemeinden mit dem Namen anfreunden konnte, so ist der er eine längst überfällige Homage an die wald- und seenreiche Landschaft rechts und links der Warnow. Am 25. Februar 2005 wurde das rund 540 Quadratkilometer große Gebiet in der Region von Sternberg, Brüel, Bützow, Warin bis Neukloster eröffnet.

Nicht nur der buchtenreiche Sternberger See, sondern auch die wie an einer Perlenkette aufgereihten Seen von Neukloster, Warin und Tempzin und das Warnowdurchbruchstal sind Kleinodien der mecklenburgischen Naturlandschaft. Stille Waldseen und schattige Wälder laden zum Entspannen ein.

Kostbare Biotope wie die bereits erwähnte Salzflora bei Sülten und wieder vernässte Kesselmoore sind die unscheinbaren, aber schutzbedürftigen Raritäten. Das »Sternberger Seenland« ist nicht nur ein Naturpark, sondern auch eine besondere Kulturlandschaft, die über Jahrtausende vom Menschen gestaltet wurde. Vorgeschichtliche Gräber und frühgeschichtliche Burgen entlang der

Winterliche Abendstimmung im Warnowtal

Burgwall Groß Görnow (oben) und rekonstruierte Slawenburg im Freilichtmuseum bei Groß Raden (unten)

Warnow sind keine Seltenheit. Nicht zufällig zog es den Schweriner Archäologen Ewald Schuldt (1914–1987) immer wieder zu Ausgrabungen in die Sternberger Gegend. Nach jahrzehntelangen Forschungen wählte er den verwunschen gelegenen und zugleich prächtig erhaltenen Burgwall von Groß Raden aus, um als Krönung seines Lebenswerkes ein Freilichtmuseum aufzubauen. Bis heute weiter gestaltet, lassen sich jedes Jahr Tausende Besucher in die Welt der slawischen Bewohner entführen. Einzigartige Holzerhaltung im feuchten Boden der flachen Halbinsel erlaubte eine detailgenaue Rekonstruktion der Siedlung, deren berühmtestes Gebäude ein wahrscheinlich in den 960er Jahren gebauter Tempel ist. Neben der zwischen 850 und 1000 u. Z. bewohnten Siedlung mit dem Burgwall auf einer ehemaligen Insel gab es zwei wohl etwas ältere Slawenburgen auf dem Hochufer des Warnowtals bei Groß Görnow und am Zusammenfluss von Mildenitz und Warnow bei Sternberger Burg. Der Name »Sternberger Burg« bezieht sich allerdings nicht auf diese wie alle anderen frühmittelalterlichen Burgen aus Holz und Erde gebaute Anlage, sondern auf eine kleine Turmbefestigung, welche die Stadt Sternberg im 14. Jahrhundert an der Mildenitzbrücke erbauen ließ, um die Stadtfeldmark vor habgierigen Raubrittern und anderen unerwünschten Gästen zu schützen. Ein anderes interessantes Bodendenkmal ist das Großsteingrab am Ortseingang von Klein Görnow, welches von Ewald Schuldt im Jahr 1966 ausgegraben wurde.

Eine (fast) vergessene Schiffbarmachungsidee

Der Schiffsverkehr zwischen Bützow und Rostock lief stets reibungslos. Die Warnow war tief und breit genug für die Schutenfahrer, Gefälle gab es nur an den Mühlen in Bützow und Rostock, aber diese waren jeweils Endstation. Relativ problemlos kam man noch bis Eickhof. Dann verhinderten das flache, steinige Flussbett und die stellenweise starken Strömungen jeden Verkehr.

Kaum vorstellbar ist, dass man die Naturschönheit des Warnowtals bezwingen wollte. Im 18. Jahrhundert begann man zu überlegen, ob man die Warnow weiter schiffbar machen könnte, vor allem die Strecke zwischen Bützow und Sternberger See stand im Blickpunkt. Man dachte aber auch an eine Verbindung mit dem Schweriner See. Mehrfach besichtigten Beamte und Ingenieuren auf Befehl seiner Hoheit des Herzogs von Mecklenburg die Warnow. Sie sollten klären, welche Aufwendungen nötig seien, um die Warnow schiffbar zu machen. Das Ergebnis sind mehrere Beschreibungen des Flusslaufes in seinem Urzustand, wenn man von den vereinzelten seit dem Mittelalter bestehenden Mühlen absieht.

Jeder Wasserwanderer, der schon mal auf der Warnow oberhalb Eickhof unterwegs war, kann sich vorstellen, wie schwierig es gewesen sein dürfte, zu Fuß oder mit einem Boot ohne sicheren modernen Werkstoff den Fluss zu bewältigen, der kaum Beräumungen über sich ergehen lassen musste. Im Bericht des Christian Friedrich Gottlieb von Knesebeck heißt es: Von Langen Brütz bis *weiter bis Richenberg, wo selbst sie die Mühle treibt, und bis 1.000 Schritt herauffwärts gar zugewachsen, so das alda mit keinem Kahn durchzukommen. Von hier läufft sie wieder Ostwärts bis in die Micow nächst Nutteln, nach dem sie kurtz davor die Bach so von Müsselmow kömt, nebst Zaschendorffer Mühlenbach zu sich aufgenommen. Von Richenberg bis Zaschendorff ist sie an den meisten Ohrten fast gantz mit Holtz und Bäumen zugewachsen, und mit Rohr, und Binsen verwachsen.*

Kammerjunker von Oertzen, Amtsvorsteher in Bützow, berichtet flussaufwärts fahrend vom Warnowtal: *Bis zu dem gedachten Silberberg ist der Strohm ziemlich tief. Hier fängt er aber an flacher und steiniger zu werden, welches in der Gegend des ehemaligen Dorffs Stolpe, nach Groß Raden gehörig, so arg wird, daß man nicht mit einem Kahn herauf kommen kann.* […] *Er hat einen sehr steinigen Grund, eine Menge grosse Feldsteine liegen dazu, und der Fall ist sehr stark.*

Dennoch war man recht zuversichtlich, eine Schiffbarmachung erreichen zu können. *Erstlich ist bey Steinfelde* [Raben Steinfeld] *ein Canal durch den Berg zu stechen dadurch die Sverinsche mit der Pinnower See zusammen zu hängen, und müssen an beyden Enden dieses Canals Schläusen von 8 Fuß hoch angeleget werden, weil der Fall von einer See in der ander über 22 Fuß ist. Die Distantz dazwischen ist 1000 Schritt oder 2000 Fuß, die equirte Höhe des Berges ist 76 Fuß.*

Die Vermessung allerdings war nicht sehr genau. Die Höhen wurden mit einem Drittel zu niedrig angegeben, die Entfernung zwischen beiden Seen beträgt sogar mehr als das Dreifache. Die weiteren Arbeiten wurden im Wesentlichen mit Ausräumen des Flussbettes und einigen Begradigungen beschrieben. Schleusen sollten an den Mühlen entstehen, also an der Godernschen Mühle, zu Richenberg, Weitendorf, Eickhof und Bützow. Im Bereich des Warnowtales schlug von Knesebeck eine Schleuse vor, Amtmann von Oertzen im Jahr 1769 sogar zwei Schleusen.

Wie man heute unschwer erkennen kann, bleiben die hoch tragenden Pläne oder genauer vagen Ideen ohne praktische Ergebnisse. Allein die Beräumung der Nebel zwischen Güstrow und Bützow und der Bau einer neuen Brücke in Wolken wurden offenbar durchgeführt. Wenigstens einen Interessenten gab es: den Gutsbesitzer von Gülzow, der mit seinem Prahmen Ziegel nach Rostock brachte und sich noch 1767 über die Brücke in Wolken beschwert hatte. Die Warnow konnte ihr natürliches Bild wahren, bis ein anderes Unheil über sie hereinbrach: das *Melioration* genannte Wirken, dass den Fluss auf vielen Abschnitten bis zu Unkenntlichkeit veränderte.

Weiter entlang der Warnow

Als bis vor etwas über 12.000 Jahren die Gletscher der Eiszeit das Mecklenburger Land bedeckten, endeten sie für eine gewisse Zeit bei Eickhof und türmten die Endmoränen auf, welche mit dem Kiesberg bei

Groß Raden fast 60 Meter und mit dem Silberberg bei Buchenhof noch 47 Meter über dem Meer aufragen. Bei Groß Raden im Süden und bei Eickelberg im Norden sind des schon Höhen von um die 20 Meter, die es den Kartographen wert waren, auf den Landkarten vermerkt zu werden. Das eisige Schmelzwasser der gewaltigen Eispanzer musste sich einen Weg nach Süden durch die Schutt- und Geröllmassen der Endmoräne suchen. Erst als die Gletscher verschwanden, war der Weg nach Norden frei. Die Warnow konnte auf der Suche nach einem geeigneten Bett die vorhandene Schmelzwasserrinne durch die Moräne ausformen. Das Warnowtal mit seinen bis 30 Meter schroff abfallenden Hängen war geboren. Am wilden Wasser der Durchbruchstäler leben heute Gebirgsstelze und Eisvogel. Dort wo die Hänge am höchsten sind, liegt die bereits erwähnte slawische Höhenburg von Groß Görnow. Unterhalb der Burg führt eine hölzerne Brücke über den reißenden Fluss.

Das Warnowtal im Sommer

Irgendwo in unmittelbarer Nähe lag eine Örtlichkeit namens Stolpe. Zuletzt wird sie in den Beschreibungen der Warnow im 18. Jahrhundert genannt. Der Name Stolpe kommt aus dem slawischen und bedeutet soviel wie *Ort, wo sich ein Fischständer im Fluss bzw. eine Vorrichtung zum Fischfang befindet.* 1186 wird dieser Punkt als Grenze des Landes Bützow genannt. Stolpe ist damit einer der am frühesten bezeugten Orte der Region, war aber längst kein bewohnter Ort mehr.

Unterhalb des Walles gönnt sich die Warnow eine kleine Ruhepause. Der Fluss passiert einige Moorkessel und Wiesen, bevor er in die zweite Runde geht. Noch oberhalb von Eickhof muss die Warnow ein weiteres, wenn auch weit kleineres Durchbruchstal überwinden.

Vor Eickhof teilt sich der inzwischen schon 18 Meter breite und zweieinhalb Meter tiefe Fluss. Der Wasserwanderer folgt dem linken Strom, der rechte führt zum Wehr der ehemaligen Wassermühle, um sich dann wieder mit dem linken zu vereinen.

Das Dorf Eickhof befindet sich auf dieser Warnowinsel. Die Wurzel des Ortes liegt in einer um 1284 vom Ritter Johann von Zernin erbauten Burg. Eigens dafür grub man vom rechten, östlichen Warnowarm ausgehend einen Graben, der für einen zusätzlichen Schutz der Burg gebraucht wurde. Die Wassermühle, heute eine traurige Ruine neben der Warnow, besorgte den Stau, der den Burggraben einst mit Wasser füllte. Die Burg lag genau auf der Grenze zwischen dem Fürstentum und späterem Herzogtum Mecklenburg sowie dem Gebiet des Schweriner Bischofs, der in Bützow seinen weltlichen Sitz aufgeschlagen hatte. Das führte seit dem 14. Jahrhundert immer wieder zu heftigen Reibereien. Schließlich teilte man die Burg, der Burgherr war von nun an stets Vasall des Mecklenburger Herzogs und des Schweriner Bischofs. 1494 kam die Familie von Lützow in den Besitz der Burg. Als Landmarschälle der Herzöge von Mecklenburg hatten sie erheblichen Einfluss auf die Geschicke des Landes nehmen können. Der letzte Erblandmarschall war bis 1918 Hans von Lützow (1873–1945). Die Lützows blieben bis 1945 Eigentümer der Güter Eickhof und Eickelberg, die zusammen rund 1.000 Hektar Land und Forsten umfassten.

Auf dem rechteckigen Burghügel, der heute völlig zuwachsen und im Dickicht kaum auszumachen ist, stand ein wohl gemauertes Gebäude. Nach einem Brand im frühen 19. Jahrhundert wurde das alte Herrenhaus durch einen Fachwerkbau ersetzt. Erhaltene Grundmauern und Ziegelschutt zeugen von der Bebauung, die wenig vor 1900 mit dem Abriss des Herrenhauses endete. Die Wirtschaftsgebäude und die Mühle, durchweg Gebäude des 18. und 19. Jahrhunderts, wurden bis um 1990 genutzt.

Die hölzerne Brücke im Warnowtal am Fuße der Burg von Groß Görnow

Die Kirche von Eickelberg und die alte Wassermühle von Eickhof

Heute braucht sie niemand mehr. Auch im Herrenhaus im benachbarten Eickelberg, das um 1830/1840 errichtet und um 1920 umgestaltet wurde, wohnten die von Lützows. Heute vermittelt Eickelberg den Eindruck eines sterbenden Ortes. Das Herrenhaus ist dem Verfall preisgegeben. In der kleinen gotischen, noch vor 1300 erbauten Kirche trifft sich schon lange keine Gemeinde mehr. Erst in den letzten Jahren fanden sich viele private Spender und fleißige Enthusiasten, um das Gebäude zu retten.
1999 gründete sich der Verein »Naturdorf Eickhof«. Der Verein widmete sich der Erhaltung der ursprünglichen Natur und der Vermittlung an den Menschen. Bis 2004 leistete eine Beschäftigungs- und Qualifizierungsgesellschaft große Aufbauarbeit. Eickhof bietet heute einen Rastplatz, Unterkünfte für Wanderer und ein umfangreiches Veranstaltungsangebot. Mit dem gesetzgeberisch verordneten Ende der vom Arbeitsamt geförderten Strukturanpassungsmaßnahmen strebte die Gemeinde Warnow die Privatisierung des Naturdorfes an, plante aber weiter ansehnliche Investitionssummen ein. Seit 2006 wird das Objekt erfolgreich privat betrieben.

Kanuparadies Warnow

Kanusport auf der Warnow erfreut sich seit Jahren wachsender Beliebtheit. Besonders der Oberlauf bis Eickhof bietet ein vielseitiges und landschaftlich reizvolles Revier, vor allem dort, wo der Fluss naturbelassen blieb oder erste Renaturierungsmaßnahmen gegriffen haben. Im Internet und in einigen Druckerzeugnissen finden sich zahlreiche Tourenempfehlungen und Routenbeschreibungen. Obwohl sie oft nur wenige Jahre alt sind, enthalten sie trotz unvergleichlicher Aktualität immer wieder überholte Passagen, die künstlichen Hindernisse betreffend. Kaum eindrucksvoller zu belegen sind die erfolgreichen Anstrengungen der letzten Jahre, der Warnow ein Stück Natur wiederzugeben. Seit 1992 werden Wehre und Sohlabstürze systematisch zurückgebaut. Wenn sie will, kann die Meeresforelle wieder ungehindert in Oberlauf von Warnow, Mildenitz und Nebel begeben. Allerdings muss der Wasserwanderer nach wie vor das eine oder andere Hindernis umtragen.

Auch der Ausbau der Warnow für Wasserwanderer hat in den letzten Jahren erhebliche Fortschritte gemacht. Die Presse vermeldete allein im September 2004 den Bau von acht neuen Kanueinsatzstellen entlang der Warnow oberhalb von Sternberg und am Einfluss der Mildenitz in den Trenntsee. Begonnen wurde am 7. September 2004 mit dem Steg bei Schönlage. Damit können die Boote eingesetzt und bestiegen werden, ohne die oft sensiblen Uferpartien zu gefährden, und zugleich wird der Kanutourismus in geordnete Bahnen gelenkt.

Wer Schwierigkeiten nicht scheut, kann sein Kanu schon im Barniner See bei Crivitz oder im Pinnower See einsetzen. Die meisten beginnen ihre Touren jedoch am Gutshof Vorbeck, wo neben Kanuverleih und Wasserwandererrastplatz auch Reiterhof und Ferienwohnungen auf dem Gutshof zu Verweilen einladen. Andere Möglichkeiten sind der Kanuverleih in Nutteln, die Kanustation am Wehr bei Gustävel oder der zur Naturschutzsation Karnin gehörende Wasserwanderrastplatz.

Weitere Stellen sind die Wasserwandererrastplätze Weitendorf oder an der Mildenitz in Sternberger Burg. Zweifellos am schönsten und zugleich am schwierigsten zu befahren ist das Warnowdurchbruchstal zwischen Sternberg und Eickhof. Bei Eickhof befindet sich sogar eine echte Wildwasserstrecke, die regelmäßig für Kanuwettkämpfe des Bützower Kanuclubs genutzt wird.

Die Warnow unterhalb von Eickhof

Das Wildwasser bei Eickhof

Eine Reise durch bischöfliches Land

Wenig oberhalb von Eickhof überquert die Bahnlinie von Hamburg über Schwerin nach Rostock die Warnow, die Brücke wurde 2008 erneuert. Bis Rostock bleibt die Bahn der Warnow treu und wechselt nur noch einmal vom rechten auf das linke Ufer. Unterhalb von Eickhof wird die Warnow endgültig von der Natur gezähmt. 92 Prozent des Gefälles hat sie geschafft. Sie fließt nun rund 90 Zentimeter über dem Meer. Bis zur Ostsee hat sie noch zwei menschengeschaffene Staustufen zu überwinden, würde man sie entfernen, hätte die Warnow nahezu Meeresspiegelniveau erreicht. Als die Wassermühlen in Rostock und Bützow noch arbeiteten, muss sie rund einen Meter höher gelegen haben als heute. Bis zur Ostsee sind es noch 56 Kilometer, im Schnitt hat der Fluss also ein Gefälle von weniger als zwei Zentimetern auf einem Kilometer. Entsprechend träge strömt er dahin. Mindestens drei bis vier Meter tief reichen die Torfe des Tales, die seit der ausgehenden Eiszeit gewachsen sind, und 25 bis 30 Meter über der Warnow liegt das umgebende Grundmoränenplateau, in das sich der Fluss sein Tal gegraben hat.

Die Warnowbrücke unweit des Dorfes Warnow ist relativ neu. Als man die Warnow im 18. Jahrhundert beschrieb, gab es zwar einen Damm, den die Dorfbewohner zur besseren Wiesennutzung gerade aufgefahren hatten, aber von einer Brücke war nicht die Rede. Das ebene Flusstal ist rund einen Kilometer breit. Die Wiesen haben einen torfigen Untergrund und wurden mit großem Aufwand melioriert. Auch die Warnow selbst, die sich ihren Weg in langen Mäandern durch das Tal suchte, sollte ein einheitlich tiefes und gerades Flussbett erhalten.

Am 17. Dezember 1926, die Bagger waren einsatzbereit, tagten die betroffenen Anlieger im Bützower Rathaus. Thema war die Senkung der Warnow oberhalb der Stadt auf einen halben Meter über dem Meer. Man diskutierte das Für und Wider der Maßnahme, die das Gesicht des Flusses wie nie zuvor verändern sollte. Bauern freuten sich auf trockenere Wiesen, die Bützower Papierfabrik fürchtete um dringend benötigtes Wasser. Zugleich gab es Warnungen gegen die Hoffnung auf verbesserte Wie-

Wettersp ele bei Warnow

senqualität, denn die Erfahrungen nach der Senkung der Warnow zwischen Rostock und Bützow hatten gezeigt, dass sich die Wiesen setzen würden und damit langfristig kein Nutzen zu erwarten sei. Die Sitzung war die Geburtsstunde für den »Warnow-Verband Bützow-Eickhof«. Am 9. November 1927 übernahm die Stadt Bützow die Unterhaltung der Schütze zur Regulierung des Wasserdurchflusses an der Staustufe der Schleuse. Im August des folgenden Jahres wurden 4.000 Mark für das Projekt bereitgestellt. Das Jahr 1929 sah den Bau der neuen Schleuse mit dem Aalfang in Bützow.

Warnow an der Warnow

Zwischen Eickhof und Bützow liegt das Dorf Warnow. Heute ist es Hauptort einer Gemeinde mit knapp über 1.000 Einwohnern. Im 1261 genannten Ort befindet sich eine Kirche, deren Chor aus dem 14. Jahrhundert stammt, sonst aber im 19. Jahrhundert gewaltigen Umbauten unterworfen wurde. Kirchenschiff und die gesamte Inneneinrichtung sind damals erneuert worden. Das Dorf gehörte im Mittelalter zum Stiftsland des Schweriner Bischofs und befand sich im Besitz einiger adliger Familien, die vermutlich jedoch nie in Warnow ansässig waren, sondern auf benachbarten Gütern wohnten. Nach dem Dreißigjährigen Krieg wurden die verlassenen Bauernstellen zu einem kleinen Gutshof zusammengefasst. Sonst blieb Warnow ein Bauerndorf mit 15 Erbpächtern und einem Erbkrug, der noch bis vor Kurzem seiner Bestimmung nachkam.

Die mäandrierende Warnow bei Warnow, rechts die Bahnlinie nach Rostock

In Mecklenburg-Vorpommern gibt es einen zweiten Ort dieses Namens, das 1230 urkundlich erwähnte Warnow bei Grevesmühlen im Landkreis Nordwestmecklenburg. Zu erinnern ist dann noch an Groß und Klein Warnow in der Prignitz (Land Brandenburg). Der Name dieser Orte wird gewöhnlich mit *Krähenort* übersetzt, neue namenkundliche Untersuchungen halten aber auch die Herleitung von einem Personennamen Varn oder Varna für möglich. Auch wenn es auf den ersten Blick nicht so aussieht, aber weitere Namensvetter sind die Stadt Waren/Müritz, aber auch Wendisch Waren bei Goldberg und Fahren bei Wismar. Bei dieser Zuordnung ist natürlich nicht die heutige Schreibweise des Namens maßgebend, sondern die im Mittelalter gebräuchliche.

Nach dem Fluss benannt ist selbstverständlich der Ort Warnemünde. Neben diesen mittelalterlichen Gründungen gibt es zwei kleine, unscheinbare Ortsteile, die den Namen des Flusses für ihren Namen entlehnt haben. Das sind Warnow Hof bei Crivitz und Warnowrande bei Rostock östlich der Unterwarnow.

Die Warnow wird mit dem Wort *Rabenfluss* übersetzt und mag in übertragenem Sinne auch als *dunkler, schwarzer Fluss* verstanden werden, sicher zumindest im Hinblick auf den Unterlauf noch heute eine eingehende Deutung. Aber dennoch wird eine Herkunft des Namens aus vorslawischer Sprache nicht ausgeschlossen. Viele Flüsse in Mecklenburg-Vorpommern tragen Namen, die 2.000 Jahre und älter sein könnten. Zu ihnen zählen Nebel, Elde, Tollense und einige andere.

Schließlich gibt es noch den Namen eines slawischen Volksstammes, der eine Beziehung zum Fluss vermuten lässt, die Warnower. Einige Wissenschaftler vermuten, dass sie ihren Namen vom germanischen Stamm der Warnen übernommen haben, der bereits beim römischen Schriftsteller Tacitus erwähnt wurde. Dies aber ist aus zweierlei Gründen unsicher: Zum einen weiß man nicht, ob die germanischen Warnen wirklich in Mecklenburg lebten; nach späteren Quellen vermutet man sie weiter südlich. Zum anderen ist ungeklärt, ob die slawischen Warnower wirklich ein eigenständiger Stamm waren, sondern vielleicht doch eher eine Gruppe der im Kern im westlichen Mecklenburg ansässigen Obodriten, die von den mittelalterlichen Historikern diesen Namen aufgrund ihres Wohnsitzes erhalten haben. Jedenfalls werden sie nur in geographischen Beschreibungen genannt, nie jedoch in politischen Zusammenhängen. Im 13. Jahrhundert gibt es nur noch einen Landschaftsnamen Warnow, der sich etwa auf das Gebiet des heutigen Landkreises Parchim bezog.

Weiter entlang der Warnow

Zur Linken der Warnow liegen die Dörfer Laase, Wendorf und Baumgarten, zur rechten Warnow und Zernin. Die wiederum relativ entlegene Gegend hat ihre architektonischen Kleinodien bewahren können, die Dorfkirchen aus dem 15. Jahrhundert in Laase, Baumgarten und Zernin. Allerdings wurde die Feldsteinkirche in Zernin erst vor wenigen Jahren vor dem endgültigen Verfall gerettet, nachdem das Dach Jahrzehnte zuvor eingestürzt war.

An der nächsten Warnowbrücke wird Rühn erreicht. Einem Stichkanal folgend erreicht der Wasserwanderer den Hafen. Das Dorf verdankt seine Bedeutung einem Zufall. Als nämlich die mecklenburgischen Fürsten merkten, dass sie dem Bistum Schwerin bei seiner materiellen Ausstattung mehr Land zugewiesen hatten als vorgesehen, verpflichteten sie den Bischof, ein Kloster zu gründen. Eigentlich sollte es in Bützow ansässig werden, aber schließlich entschied man sich, die Nonnen in Rühn anzusie-

Die Dorfkirche in Laase

deln. 1232 war es endlich soweit, nach der Mitte des 13. Jahrhunderts war auch die steinerne Klosterkirche vollendet. Die Zisterzienserinnen waren meist Töchter aus mecklenburgischen Adelsfamilien, die so eine standesgemäße Versorgung empfingen. Erst lange nach der Reformation, im Jahr 1581 – das Kloster wurde formell nie richtig aufgehoben – erhielt es eine neue Ordnung und wandelte sich zu einem Damenstift für unverheiratete Frauen aus adligem Hause. Zunehmend residierten dort ledige Töchter der mecklenburgischen Herzöge. 1756 wurde aus dem ehemaligen Kloster mit seinem Grundbesitz eine herzogliche Domäne. Nach 1918 diente das Kloster zuerst als Erholungsheim und dann von 1950 bis 1991 als Wohnstätte für schwer erziehbare Jugendliche.

Rühn leidet wie alle Orte der Region, die weitab der modernen Zentren liegen, unter dem Bevölkerungsschwund. Hier gibt es keine Arbeit, und das tägliche Pendeln in die größeren Städte wie Rostock und Schwerin ist kaum mehr möglich. So musste im Sommer 2005 die Grundschule nach nur 14 Jahren geschlossen werden, ein Schicksal, das die Schule angesichts immer weniger werdender Kinder mit den Grundschulen in Warnow und Klein Belitz teilte. Etwas Hoffnung auf bessere Zeiten verspricht die seit ein paar Jahren laufende Sanierung des Klosters. Seit 2005 arbeitet in Rühn eine Öl- und Senfmühle. Auf dem Klostergelände kann man die besonderen Produkte, aber auch Erzeugnisse lokalen Kunsthandwerks erwerben sich in der Klosterschänke stärken. Einen Besuch wert ist die Rühner Handweberei. Auch der Naturfreund kommt auf seine Kosten. Im Naturschutzgebiet »Rühner Laden« stehen prächtige alte Buchen. Die »Langen Seen«, zwei landschaftlich reizvoll gelegene Gewässer bei Rühn, gehören zwar zum Warnowtal, werden aber von der Warnow nicht durchflossen. Mit 16 Metern unter Normalnull befindet sich hier die tiefste Stelle des Warnowtals.

Noch ein weiteres Stück warnowabwärts erreicht man Vierburg, wie die Sternberger Burg eine mittelalterliche Turmwarte. Reste der alten Bützower Landwehr, ein einst mit undurchdringlichem Dornengestrüpp bewachsener Wall, sind noch im Wald hinter dem alten Gehöft erhalten. Später befand sich hier eine Gastwirtschaft, die wie viele andere Ausflugsgaststätten die Wende nicht überlebte. Um 1900 unterhielt der Kneiper einen eigenen Ausflugsdampfer mit dem Namen VIERBURG. Heute befinden an der Warnow bei Vierburg die Bootsstege und Ruderboote der Bützower. Von Vierburg aus lohnt ein Abstecher ins zwei Kilometer entfernte Naturschutzgebiet »Peetscher See«. Kurz vor Bützow zieht die Warnow gemächlich an einem slawischen Burgwall, einer heute unscheinbare Erhebung neben dem Fluss, vorbei. Im 9. oder 10. Jahrhundert errichtet und bald wieder verfallen, war

Die Stadt Bützow, links mündet die Nebel in die Warnow, im Hintergrund der Bützower See

Das ehemalige Nonnenkloster in Rühn

die Burg die Keimzelle der Stadt, auch wenn wir derzeit nicht wissen, wo die sich »Ur-Bützower« im 11. und 12. Jahrhundert aufhielten. Bützow ist die erste Stadt, die unmittelbar an der Warnow liegt. Nun ist die Warnow 110 km ›alt‹. Der Fluss teilt sich oberhalb Bützow. Ein Arm fließt östlich der Stadt vorbei, der andere westlich und mündet in den Bützower See, wo sich auf dem Gelände der ehemaligen Badeanstalt der Rastplatz für die Wasserwanderer befindet. Der dritte Arm ist ein künstlich angelegter Umflutkanal, der bis vor kurzem das meiste Wasser weit um die Bützower Altstadt herumführte. An jedem Flussarm befindet sich eine Staustufe, angelegt für die seit dem Mittelalter betriebenen Mühlen. Den letzten nennenswerten Höhenunterschied überwindet die Warnow hier, noch ganze 38 cm! Vor der Aufhebung der Mühle waren es noch rund 70 cm. 10,40 Kubikmeter Wasser pro Sekunde bewegen sich durch die Wehre unaufhaltsam in Richtung Ostsee, bei Hochwasser können es sogar bis 40 Kubikmeter Wasser pro Sekunde sein. Das Wasser fließt nun 57 cm über dem mittleren Spiegel der Ostsee.

Anfang 1894, zur Zeit des Mühlenpächters Propp, fiel der Beschluss zum Neubau der Wassermühle. Baubeginn war im Frühjahr und schon im Oktober konnte die Mühle die Arbeit wieder aufnehmen. Um 1930 hatte die Wasserkraft ausgedient. Die stattlichen backsteinernen Gebäude der Mühle am westlichen Stadtausgang sind noch vorhanden, und noch in den 1980er Jahren gab es die großen gusseisernen Wasserräder, die dann den organisierten Schrottsammlungen zum Opfer fielen.

Viele Eingriffe an der Warnow in Bützow waren nicht zum Besten des Flusses und der Stadt. Die 1929 neben der Mühle gebaute Schleuse drohte einzustürzen und wurde um 1980 verschüttet. Nur die bis zum letzten Umbau erhaltenen Hubtore zeugten von der einstigen Funktion der Anlage. Das Wasser – nur ein geringer Teil des Warnowwassers – musste seitdem durch einen ein Meter starken Rohrdurchlass mit Abflussregelung hindurch. Als Ersatz für dieses Wehr diente das 1974/76 im Zuge des Umflutkanals gebaute Hauptwehr in der Bahnhofsstraße, welches das meiste Wasser passieren ließ. So wurde der eigentliche Hauptarm der Warnow nahezu trocken gelegt und verschlammte zusehends. Daher hegten viele Bützower lange den Wunsch, dass der Warnowarm an der Mühle endlich wieder mehr Wasser bekommt.

Das Staatliche Amt für Umwelt und Natur (StAUN) Rostock präsentierte Anfang 2004 nahezu unerwartet ein Projekt, das diesen Wunsch in Erfüllung gehen ließ. Für eine Investitionssumme von 1,15 Millionen Euro wollte das Amt die Flussverhältnisse so ändern, dass je ein Drittel des Wassers über den Bützower See, den Altarm neben der Bützower Altstadt und den Umflutkanal laufen sollte. Als erstes war in den Jahren 2004 bis 2005 das Wehr an der ehemaligen Mühle in Bützow für einen automatischen Betrieb umzurüsten. Dafür wurde eine zweiteilige, 6,50 m breite Wehranlage errichtet. Drei Stellen für Pegel- und Durchflussmessungen sammeln am neuen Wehr Daten und übermitteln diese automatisch an die Zentrale des StAUN in Rostock, wo sie für spätere Auswertungen archiviert werden.

Der Bützower Hafen und die 1893 neu erbaute Wassermühle, um 1898

Ein zweites Umflutwehr liegt am Warnowarm, der westlich der Stadt herum in den Bützower See fließt. Die alte, 1985 instand gesetzte Anlage ist fünf Meter breit und liegt unter einer Straßenbrücke. Bis Ende 2008 wurden das Hauptwehr zurückgebaut und stattdessen eine Sohlgleite errichtet, die für Kanus passierbar ist.
Schließlich wurden auch die Brücken über die Warnow von Oktober 2007 bis Dezember 2008 erneuert. Unterhalb der Mühle befindet sich der Stadthafen. Die heute verwaisten Getreidespeicher zeugen von der einstigen Geschäftigkeit, als Schleppverbände die Warnow auf und ab fuhren.

Im Dienste der Fischerei – Das älteste Naturschutzprogramm für die Warnow

Der Bau von Fischtreppen, die in den letzten zwanzig Jahren an zahlreichen Stellen der Warnowgewässer den Fischen das Überwinden der von Menschenhand gebauten Staustufen ermöglichen soll, ist keine so neue Idee wie man vielleicht annehmen möchte. Allerdings war es nicht wie heute der Natur- und Landschaftsschutz, der solche Projekte inspirierte, sondern vor allem der Gedanke an einen wohlschmeckenden Fisch, den in der Warnow zu fangen man sich erträumte. Vor mehr als hundert Jahren war der Ingenieur Georg Brüssow, der über Jahre um diese Idee kämpfte und auch die Mittel bekam, eine barrierefreie Warnow und Nebel zu schaffen. Damals nannte man die Einrichtung nicht *Fischtreppe*, sondern *Lachsleiter*. Die Bauweise war eine ähnliche wie heute. Man legte um die Wehre einen kleinen Kanal, in dem das Gefälle auf mehrere kleine Stufen verteilt wurde. War wie in Rostock eine Straße zu queren, baute man schon recht aufwändige kleine Tunnel. Die laufende Unterhaltung sollten die Eigner übernehmen. Die Städte Rostock und Güstrow sowie die Gutsherrschaften in Kuchelmiß und Eickhof hatten dies für zehn Jahre übernommen, die anderen für zwanzig Jahre.
Das Ministerium des Innern befahl den Bau der Lachsleitern an der Warnow in Eickhof, Bützow und Rostock sowie entlang der Nebel in Güstrow, in Kölln bei Hoppenrade und in Kuchelmiß. Wie ernst man die Angelegenheit nahm, zeigt eine 1881 von Ingenieur Brüssow vorgenommene Studienreise nach England zu verschiedenen Fischleitern, die hier erfolgreich waren. Mit zahlreichen Plänen zurückgekehrt, entstand ein Jahr später eine Druckschrift unter dem Titel »Bericht des Ingenieurs Brüssow zu Schwerin, betreffend eine Reise nach England zwecks Besichtigung von Fischwegen.«
Am längsten dauerten die Verhandlungen mit dem Amt Bützow als Eigentümer der Mühle in Bützow über die Unterhaltung der Lachsleiter; sie zogen bis April 1877 hin. Aber Mühlenpächter Propp in Bützow hatte mehrfach kein Wasser über die Lachsleiter ablaufen lassen, weil er angeblich selbst zum Mahlen zu wenig Wasser hatte. Eigentlich sollten die Lachsleitern während der Zugzeit der Fische von Juni bis Ende November stets in Betrieb sein. Der Magistrat in Güstrow berief sich deswegen auf die Vereinbarung, dass man nur überschüssiges Wasser über den Fischweg ablaufen lassen müsse.
Aufwändig war die Unterhaltung der Anlagen. Ständig gab es Schäden zu beseitigen, sei es durch Witterung oder durch mangelhaftes Material. Als man im Frühjahr 1894 zum Neubau der Wassermühle in Bützow schritt, entfernte man auch die Lachsleiter. Während der Diskussion um den Neubau wurden die bisherigen Erfolge erörtert, denn am 10. Oktober 1894 verweigerte das Finanzministerium die Mittel für den Neubau der Lachsleiter in Bützow. Man sah die 1897 auslaufende Unterhaltungszusage als Grund an, nicht mehr zu investieren, *zumal unbestritten kein einziger Lachs seit 1877 auf derselben empor gestiegen ist, und die Fortdauer der Lachsleiter ungewiß ist.* In der Tat wurden die Lachsleitern nur von Aalen, Barschen und Plötzen benutzt. Ingenieur Brüssow, der noch immer voller Zuversicht auf die Lachse hoffte, berichtete, dass in der Rostocker Unterwarnow in den 1870er Jahren keine Lachse gefangen wurden. Als Grund nannte er die Baggerarbeiten in der Warnow und die damit verbundene Vernichtung des Ökosystems. Da Rostock nun neue Ausbaupläne des Hafens umsetzen wollte, hatte der Lachs vorerst in der Warnow keine Chance. Dennoch gelang es Brüssow, dass die Lachse auch unter der neuen Mühle einen Weg gefunden hätten.
1896, im zwanzigsten Jahr der Fischwege, war die Zeit für eine endgültige Bilanz gekommen. Was sich bereits 1894 abzu-

zeichnen begann, wird hier deutlich. Im Schreiben der Stadt Rostock liest man, *daß niemals von einem Mitgliede eines oder des anderen Fischeramtes beobachtet worden ist, daß die 1877 in der Nähe der Freischleuse im Mühlendamm angelegte Lachsleiter von einem Lachs passiert worden ist.* Ähnlich deprimierend waren die Berichte von den anderen Fischwegen. Mit Ablauf der Unterhaltungsverträge teilte das Ministerium des Innern mit, dass von der jährlichen Revision und die Erhaltung der Lachsleitern abgesehen wird. Der eifrige Verfechter des Projekts, Georg Brüssow, war 1899 verstorben. Die Lachsleitern dürften um 1900 wieder verfallen sein. Nur den Abriss der Anlage in Hoppenrade finanzierte das Ministerium des Innern im Jahre 1901.

Bützow – Bischöflicher Landsitz und Universitätsstadt

Die Stadt Bützow kann auf eine aufregende Geschichte zurückblicken. Sie war Landeshauptstadt, später Universitätsstadt und ist aufgrund revolutionärer Umtriebe ihrer Bürger in die Literaturgeschichte eingegangen. Aber nun alles der Reihe nach. 1171 bestätigte Heinrich der Löwe aus Anlass der Schweriner Domweihe dem Bischof umfänglichen Grundbesitz, den der Obodritenfürst Pribislaw ein paar Jahre zuvor hatte abtreten müssen. Es war das Land Bützow, damals ein waldreiches Gebiet, in dem vermutlich nur in der näheren Umgebung von Bützow ein paar Menschen lebten. Hier baute Bischof Berno um 1180 eine Burg, die Kaiser Friedrich Barbarossa höchst selbst als Eigentum des Bischofs bestätigte. Schlicht war sie, diese Burg. Auf einem mächtigen Erdhügel unmittelbar am Bützower See stand ein Wohnturm, möglicherweise aus Stein. Aber das wissen wir nicht. Heute sitzen dort einige Laubenpieper. Die Bützower kennen die Stelle als »Hopfenwall«. Vermutlich baute man dort eine Pflanze an, die man für ein beliebtes städtisches Handwerk brauchte. Bier war im Mittelalter ein Grundnahrungsmittel. Immer mehr Siedler aus Holstein, Sachsen und Westfalen kamen nach 1200 ins Land, auch das Land Bützow und mit ihm der Bischof profitierten davon. 1236 erhielt Bützow die städtischen Rechte. Bald wurde es auch dem Bischof in Schwerin zu eng. Zu nah stand der Dom vor der Burg des

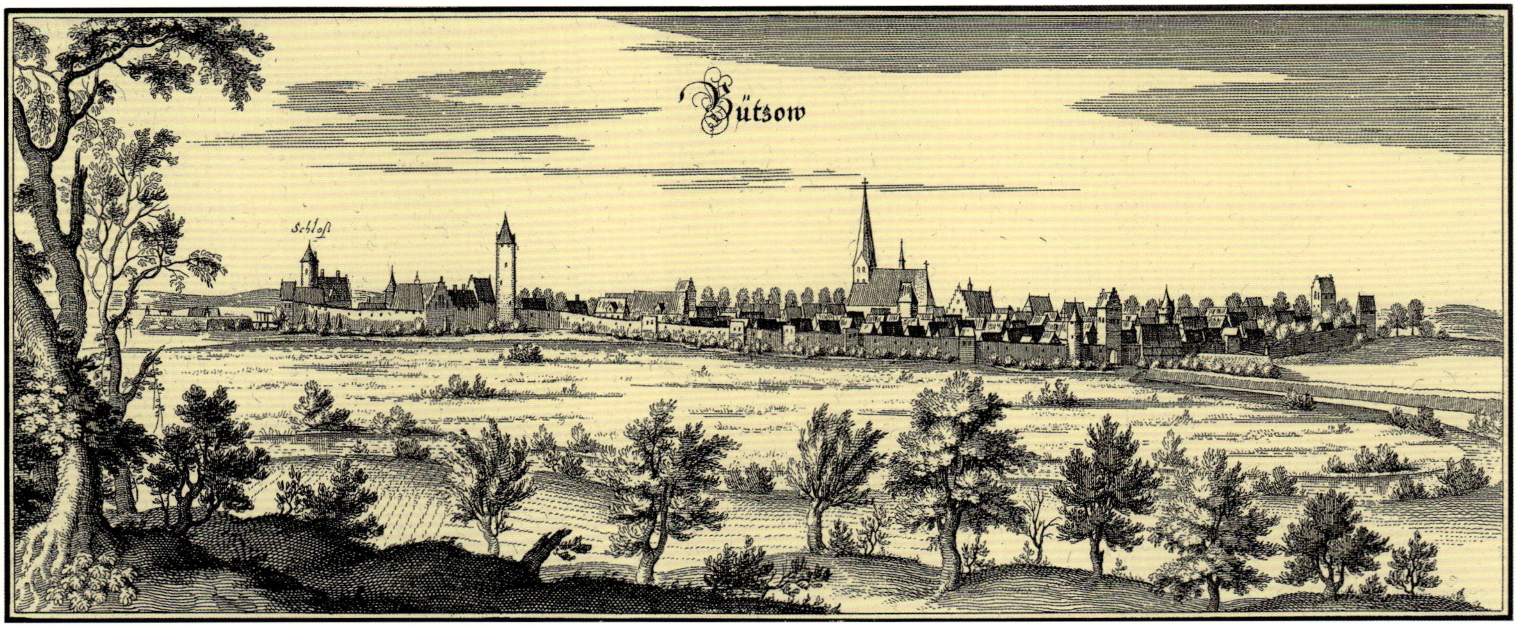

Die mit Mauern und Türmen bewehrte Stadt Bützow, in der Mitte die Stiftskirche, links das Schloss, im 17. Jahrhundert

Schweriner Grafen, und das bischöfliche Hoheitsgebiet in Schwerin durchschritt man in vielleicht zwei Minuten. Erst 1284 bekam er den Besitz der Schelfe zugewiesen. In Bützow war er freier. Hier konnte der Bischof Landesherr sein. Sein Gebiet reichte zwar nur von Warin im Westen bis Parum im Osten, Eickhof im Süden und Jürgenshagen im Norden, aber immerhin. Bischof Rudolf wollte nun Bützow um 1250 zur Residenz ausbauen. Am Rand der Stadt ließ er eine neue Burg bauen und zugleich die Stadt befestigen. Die Grundmauern des Schlosses könnten noch aus seiner Zeit stammen. Rudolf war in der Tat mehr ein Krieger mit dem Schwert als ein Verkünder des Wortes. Nach Grenzstreitigkeiten und anderen Übergriffen setzte er seinen Nachbarn im Süden, Fürst Pribislaw von Parchim-Richenberg, gefangen und vertrieb ihn schließlich aus seiner Herrschaft. Bützow war nun endgültig bischöfliche Residenz und der Bischof Landesherr. Nicht nur an der Burg wurde gebaut, auch an der stattlichen Stadtkirche, die zugleich ein Kollegiatstift, eine Gemeinschaft von Weltgeistlichen, beherbergte. Mit der Reformation endete die Herrlichkeit – fast. Das Bistum übernahmen Sprosse der mecklenburgischen Herzogsfamilie. Einer von ihnen versah das Schloss mit einem Anbau, den er mit Terrakottareliefs aus der Lübecker Werkstatt des Statius von Düren verzierte. Erst 1648, mit dem Westfälischen Frieden, wurde das Stiftsland Schwerin mit Bützow den Mecklenburger Herzögen endgültig zugesprochen, quasi als Ausgleich für die Abtretung von Wismar und Neukloster an Schweden.

Ende des 17. Jahrhunderts wurden in Bützow Hugenotten aufgenommen. Sie sollten sich in der Verarbeitung von Wolle und im Tabakanbau hervortun. Ihre reformierte Gemeinde stand später unter besonderem Schutz der in Bützow ansässigen Herzogin Sophie Charlotte. Am 23. April 1765 wurde der Grundstein für die 1771 vollendete Evangelisch-Reformierte Kirche im Ellernbruch gelegt.

Das 18. Jahrhundert hielt für Bützow noch eine besondere Überraschung bereit. Nach fortwährendem Streit zwischen den Herzögen und der Stadt Rostock über die Besetzung der Professorenstellen verwies Herzog Friedrich (1717–1785), genannt der Fromme, im Jahr 1760 seine Professoren und um die 50 Studenten nach Bützow, wo er Kraft eines kaiserlichen Privilegs eine neue Universität gründete. Diese zog vorerst ins Rathaus ein, und im Schloss, in dem später auch die Universität Räume hatte,

Die Altstadt von Bützow heute, links die Mühle und der Hafen

wurde eiligst ein Pädagogium eingerichtet. Dabei stand die pietistisch ausgerichtet Universität »Friedriciana« unter keinem guten Stern. Unruhige Zeiten – Friedrich II. (1712–1786), König in Preußen, stand mit seinem Militär in Mecklenburg – und die durch verschiedene Brände verarmte Stadt Bützow verhinderten trotz umfangreicher herzoglicher Subventionen eine solide Entwicklung, zumal sich die Rostocker und Bützower Universitäten gegenseitig im Konkurrenzkampf aufzehrten. 1789, nach nur 29 Jahren, beendete Herzog Friedrich Franz I. (1756–1837, seit 1815 Großherzog) das Bützower Experiment. Dennoch hat die Bützower Universität einige große Namen zu verzeichnen. Da ist der Jurist Ernst Johann Friedrich Mantzel (1699–1768), der die »Bützowschen Ruhestunden« herausgab und noch heute in Bützow mit der Mantzelstraße geehrt wird. Andere große Namen sind Olaus Gerhard Tychsen (1734–1815), einer der bekanntesten Orientalisten seiner Zeit, der Mathematiker Wenzeslaus Johann Gustav Karsten (1732–1787) und der Ökonom Franz Lorenz Christian Karsten (1751–1829). Letzterer war es übrigens, der den bereits mehrfach zitierten Reisebericht

Das bischöfliche Schloss in Bützow

des Thomas Nugent ins Deutsche übertrug. Dieser berichtete: *Als nachmals der Streit mit der Stadt Rostock entstand, stiftete der jetzt regierende Herzog hier mit kaiserlicher Approbation eine neue Universität, zu dem Ende wurden die Salariengelder der Universität Rostock abgenommen und Bützow beigelegt. Der Rostocker Magistrat führt indessen noch immer fort, die dortige Universität zu unterhalten, die natürliche Folge dieses Streites ist, dass Rostock den Kürzeren zieht und Bützow auch nicht sonderlich aufgeholfen wird. Indessen hat der Herzog alles angewandt, um lauter berühmte Männer zu Professoren hinzuberufen, und die mehrsten derselben sind auch dem gelehrten Publikum hinlänglich bekannt. Indessen, da ihre Salaria nur schwach und ihre Zuhörer nur wenige sind, so sind freilich ihre häuslichen Umstände nicht sonderlich splendid, und die mehrsten würden froh sein, wenn es möglich wäre, dass die Streitigkeiten zwischen dem Durchlauchten Herzog und dem Rostocker Magistrat beigelegt werden könnten.*

Drei Jahre nach dem Auszug der Universität, am 28. Dezember 1792, kam es zu einem Tumult. Der Rat hatte das freie Herumlaufen von Gänsen in der Stadt verboten, weil sie das Stroh, in welches man die Brunnen zum Schutz vor Frost einwickelte, abfressen würden. Als der Rat nun herumlaufende Gänse arretieren ließ, kam es zum Aufstand gegen den Rat. Diesem *Gänsekrieg* folgte ein Gerichtsprozess, der sogar die juristische Fakultät der Universität Halle beschäftigte. Das Ereignis wurde von Wilhelm Raabe unter dem Titel »Die Gänse von Bützow« verarbeitet. Heute spielen die Bützower auf dem alljährlichen »Gänsemarkttag« das Geschehen nach. Der 1981 eingeweihte Gänsebrunnen vom Warener Bildhauer Walther Preik steht eigentlich an der falschen Stelle. So aber mag er den Bürgermeister beim Blick aus seinem Fenster stets an seine selbstbewussten Bürger erinnern. Der eigentliche Stein – oder besser Brunnen – des Anstoßes befand sich auf dem Gänsemarkt, dort, wo sich Schlossstraße und Rühner Straße trennen. Beim Verlegen von Versorgungsleitungen konnten Archäologen den Feldsteinbrunnen freilegen. Er wurde bis zum Bau der zentralen Wasserversorgung genutzt.

Praktisch als Ersatz für die Universität, deren Abzug einen wirtschaftlichen Verlust für die Stadt bedeutete, kam 1812 das Criminal-Collegium nach Bützow. Das Schloss erhielt Gefängniszellen und eine Reihe von Dienstwohnungen. Auf dem Schlossplatz wurde 1834 ein großes Gefängnis errichtet. Aber schon 1835/1838 begann man mit dem Bau des Gefängnisses in Bützow-Dreibergen, nach und nach wurde das Schloss frei gezogen. Das *Criminal-Collegium* blieb bis zur Einführung einer neuen Gerichtsorganisation in Mecklenburg im Jahr 1879 in Bützow. Erst ein umfassender Umbau des Schlosses 1911 und Abrissarbeiten in den 1930er Jahren verdeckten die Spuren, die das Landesgefängnis auf dem Schlossplatz hinterlassen hatte. Den Grundriss der Burg im Norden zeichnet heute der Neubau für das Amt für Landwirtschaft nach.

Bützow-Dreibergen, um 1920, und der Gänsebrunnen auf dem Markt

Die Wirtschaft der Stadt lebte nicht nur von den staatlichen Einrichtungen, sondern auch von der Industrie. Die Warnow lieferte das Wasser für eine Papierfabrik am Bützower See, und das Holz für das Sägewerk wurde auf der Warnow gebracht.

Bützow, Stadt zwischen Flüssen und Seen

Die Warnow wird träge

Vom Wehr Bützow sind es noch 38 Kilometer bis zum Rostocker Mühlendamm. Der Fluss ist jetzt durchgängig um die 30 Meter breit und zweieinhalb bis drei Meter tief. Nur noch träge strömt die Warnow dahin, mit nur noch etwa zehn Zentimetern in der Sekunde. Das liegt am fehlenden Gefälle zwischen den Wehren in Bützow und Rostock. Bei Kessin hat die Warnow einen mittleren Durchfluss von 13,4 Kubikmetern in der Sekunde, bei Hochwasser sind es bis zu 105 Kubikmeter, bei Niedrigwasser kann das Wasser auch mal stehen. Unterhalb Bützow mündet die Nebel, Ende des 19. Jahrhunderts zum Güstrow-Bützow-Kanal ausgebaut, in die Warnow.

Verlässt man Bützow auf dem Landweg am linken Ufer der Warnow, das ist der alte Rostocker Landweg, passiert man vor dem Ortsausgang links einen kleinen Friedhof. Hier stand das im 15. Jahrhundert gegründete »Kloster Bethlehem« der »Schwestern vom Gemeinsamen Leben«, das nach der Reformation noch kurze Zeit als Armenhaus diente. Ein Stück weiter überquert man den Abfluss des Bützower Sees in die Warnow, der Liegnitz, die vielfach auch Temse genannt wird. Der »Kaffeekrug« ist eine uralte Gastwirtschaft vor den Toren der Stadt Bützow. Im nächsten Ort, in Selow, steht ein Sühnestein, aufgestellt im Gedenken an den hier im Jahre 1399 erschlagenen Lübecker Bürger Hermann Lammeshovet. Hinter Selow erreicht man Passin. Dort bietet der Reiterhof ein vielfältiges Angebot rund um den Reitsport. Erfolgreicher Pferdesport hat Tradition in der Region: Der letzte Besitzer des nur wenige Kilometer von Passin entfernten Gutes Klein Belitz war Carl-Friedrich Freiherr von Langen (1887–1934). Er gewann bei

den Olympischen Sommerspielen 1928 in Amsterdam zwei Goldmedaillen im Reiten. Eine kulturhistorische Sehenswürdigkeit in Passin ist ein gut erhaltenes niederdeutsches Hallenhaus. Im Dorf steht noch eine kleine, unscheinbare Fachwerkkapelle.
Der kleine Ort Friedrichshof ist eine 1815 von Kambs abgetrennte, fortan von einem Erbpächter bewirtschaftete Meierei. Kambs, 1269 erstmals erwähnt, ist das Kirchdorf zwischen Bützow und Schwaan. Die Situation der ländlichen Pfarren kurz vor der Reformation zeigen die Berichte aus Kambs. 1535 hieß es, der Pfarrer Joachim Dankwart sei *ein ungelehrter, blinder, unverständiger Mann und ganz ungeschickt als Seelsorger.* Der von Herzog Heinrich eingesetzte Nachfolger brachte keine Besserung. Er sei – so die Klagen von 1541/42 – ein von Schwaan aus bezahlter *Mietpriester*, würde die Pfarre Kambs völlig vernachlässigen und mehr in Schwaan tätig sein. Der backsteinerne Chor der Kambser Kirche stammt aus dem ausgehenden 13. Jahrhundert. Langhaus und Turm wurden in den 1860er Jahren vom Schweriner Baurat Theodor Krüger (1818–1885) neu erbaut. An der Südseite der Kirche befindet sich ein gotischer Vorbau mit einem sehenswerten Stufengiebel aus dem 15. Jahrhundert, der an die Rostocker Bürgerhäuser erinnert. In der Kirche befindet sich ein gotischer Schnitzaltar aus dem 15. Jahrhundert; die gotische Kanzel, wahrscheinlich die älteste in Mecklenburg, befindet sich heute im Staatlichen Museum Schwerin.

Stufengiebel an der Eingangshalle zur Kirche in Kambs

In der Gegend um Kambs ist das Warnowtal besonders weitläufig. Zahlreiche Binnendünen, heute überwachsen oder bescheiden landwirtschaftlich genutzt, begleiten den Fluss. Der kargen Sandboden gab einem Gebiet nördlich von Kambs seinen Namen: die sich fast bis Schwaan erstreckende Vorbecker Heide. Auf Höhe von Werle reichen die Dünen bis dicht an die Warnow heran. Hier, im Schutz der Burg Werle, gab es eine günstige Gelegenheit, den Fluss zu überqueren. Die leichten Böden und die Nähe zum Wasser boten den ersten nacheiszeitlichen Bewohnern des Warnowtals günstige Siedlungsbedingungen. Zahlreiche filigran und präzise gearbeitete Werkzeuge und Waffen aus Feuerstein, in den letzten Jahren verstärkt bei Kambs, aber auch an anderen Stellen geborgen, sind die unscheinbaren Hinterlassenschaften, welche die Anwesenheit der mittelsteinzeitlichen Menschen verraten.

Kurz vor Schwaan liegt auf der rechten Seite der Straße ein flacher Hügel mit einer Streuobstwiese. Hier stand die Richtstätte der Stadt Schwaan, wurden Mörder und Räuber gehängt, geköpft oder auf andere Weise ins Jenseits befördert.

Die Eisenbahnbrücke über die alte Nebel bei Bützow

Die kürzere Verbindung zwischen Bützow und Schwaan führt am rechten Ufer der Warnow entlang. Man überquert zuerst die Bahnlinie nach Rostock und kurz darauf die Linie nach Güstrow. Dazwischen befinden sich die Brücke über den Güstrow-Bützow-Kanal und die kleine Ortschaft Wolken, einer der wenigen Orte Mecklenburgs, der schon vor 1200 urkundlich erwähnt ist. Am Waldrand rechter Hand und nur über einen Landweg zu erreichen liegt die Schleuse Wolken mit dem Schleusenwärterhaus.

Die Schleuse ist unlängst still gelegt und dient nur noch als Wehr. Sehenswert ist die Anlage dennoch, nicht zuletzt wegen der eisernen Drehbrücke von 1896. Unweit der Schleuse verläuft auch der 1850 errichtete Bahndamm von Bützow nach Güstrow, der wegen einer Streckenverlegung schon nach wenigen Jahren verwaiste. Im Streckenverlauf ist auch die Brücke über die Nebel erhalten. Derzeit dem Verfall Preis gegeben, ist es eigentlich ein technisches Denkmal ersten Ranges: es ist die älteste erhaltene eiserne Eisenbahnbrücke in Mitteleuropa!

Die Nebel

Die rund 60 Kilometer lange Nebel entspringt im gut 100 Hektar großen Malkwitzer See bei Hohen Wangelin im Landkreis Müritz, gelegen am Nordrand des Nationalparks Nossentiner-Schwinzer Heide. Nach 17 Kilometern erreicht sie einige kleinere Seen, durchquert den Krakower See, den mit 15 Quadratkilometern größten See im Warnoweinzugsgebiet. Im Norden verlässt sie den See wieder, um nach dem wildromantischen Nebeldurchbruchstal zwischen Serrahn und Kuchelmiß durch eine typisch mecklenburgische Kulturlandschaft zu fließen. Auf ihrem Weg trieb sie zahlreiche Mühlen an, von denen die in Kuchelmiß als technisches Denkmal bis heute erhalten wird. Eine zweite große Mühle befindet sich bei Kölln an der B 103. Unterhalb von Hoppenrade bildet die Nebel ein immer breiter werdendes Auetal aus, das seinen Charakter jedoch durch die intensive Landwirtschaft weitgehend verloren hat. Ursprünglich sehr windungsreich erreicht die Nebel die Kreisstadt Güstrow. Bei Primerburg ist die Nebel Teil des Natur- und Umweltparks, wo man im »Aquatunnel« den Artenreichtum der Nebel bestaunen kann. Derzeit laufen im Raum Güstrow zahlreiche Renaturierungsmaßnahmen, die dem Fluss wenigstens streckenweise sein altes Gepräge zurückgeben sollen. Unterhalb der Stadt liegt der seit den 1950er Jahren ungenutzte Hafen, von wo aus Waren von und nach Rostock transportiert wurden. Ab hier ist die Nebel kanalisiert worden, aber bei Lüssow erhielt der Kanal ein eigenes Bett, so dass die alte Nebel ihren natürlichen, stark mäandrierenden Lauf behalten konnte. Markant sind die vor wenigen Jahren erneuerte gusseiserne Klappbrücke bei Lüssow und die Drehbrücke an der Schleuse in Wolken. Erst bei Wolken treffen sich beide Ströme wieder, um wenig später bei Bützow in die Warnow zu münden.

Die Nebel transportiert rund 5,5 Kubikmeter Wasser in der Sekunde. Der Fluss hat ein Einzugsgebiet von knapp 1.000 Quadratkilometern.

Weiter entlang der Warnow

Versteckt im Wald unweit der Schleuse bei Wolken befindet sich ein Gedenkstein

Die Klappbrücke über den Güstrow-Bützow-Kanal bei Lüssow und die Schleuse bei Wolken. Hier mündet der Güstrow-Bützow-Kanal in die alte Nebel.

mit einer bronzenen Tafel, auf der folgende Worte zu lesen sind: *Dem Grafen Ferdiand v. Zeppelin an der Ursprungsstätte seines Geschlechts 1286. 1910.* In der Tat hatte die Familie von Zepelin hier ihren Stammsitz. Der bedeutendste Spross dieser Familie war Ferdinand Graf von Zeppelin, der in Friedrichshafen die berühmten Luftschiffe baute. In Zepelin steht eine Fachwerkkapelle von 1686 mit einer wenig kunstvollen Einrichtung aus dem 17. und 18. Jahrhundert. Vom gotischen Schnitzaltar ist nur noch der Rahmen erhalten. Jenseits von Wolken und nur über eine Stichstraße erreicht man das Bauerndorf Oettelin, in dem ebenfalls eine Fachwerkkirche erhalten ist. Hinter Kassow folgt die Ortschaft Werle, 1918 zusammengelegt aus den Ortsteilen Hof Werle – die 1870 aus dem Ortsverband Wieck ausgegliederte Hufe I, zu der der Burgwall gehörte –, Wieck und Neu Rukieten. Der eigentliche historische Name ist Wieck, der im 15. Jahrhundert erstmals überliefert ist. Auf der Hufe II errichtete Erbpächter Matthes im Jahr 1885 eine Ziegelei. Seit 1898 brachte eine Feldbahn die Produkte bis zu einer auf dem Burgwall gelegenen Ladestelle, um sie auf der Warnow nach Rostock zu bringen. Seit 1921 bis zum Krieg diente der Bahnhof in Mistorf als Verladestation. Bis 2,25 Millionen Ziegel stellte der Betrieb jährlich her. Die Hufe V diente seit 1918 als christliches Hospiz, betrieben vom evangelischen Frauenverein. 1992 wurde das »Elisabethheim« vom Diakonieverein Güstrow übernommen.

Die Burg Werle – eine Burgstadt der Slawen

Das eigentliche historische Interesse aber verdient ein anderes Objekt. Versteckt in einem kleinen Wäldchen bei Werle, steht auf einem von feuchten Wiesen und Bruchwäldern umgebenen Hügel direkt an der Warnow ein großer Granitfindling mit der Aufschrift *Burg Werle.* Er erinnert an eine der wichtigsten Landesburgen in Mecklenburg, die schon vor mehr als 150 Jahren unter Denkmalschutz gestellt wurde. Sie gab einem ganzen Landesteil ihren Namen, dem Fürstentum Werle. Dessen um 1230 aus einer Linie des mecklenburgischen Fürstenhauses hervorgegangene Familie starb im Jahr 1436 aus. Residiert haben die Fürsten von Werle jedoch nie auf der Burg Werle.

Denkmal für den Grafen Zeppelin und die Burg Werle im Waldstück, rechts im von Bäumen umgebenen Oval die Vorburg

Diese wurde um 1220 zugunsten der neuen Residenz Güstrow aufgegeben und verfiel. Die Geschichte der Burg reicht viel weiter zurück. Wann sie gebaut wurde, wissen wir noch nicht genau, denn bis in die Tiefen der Geschichte herabführende Grabungen wurden bisher nicht unternommen. Sicher ist, dass sie im 10. Jahrhundert bestand, also weit über 1.000 Jahre alt ist. 1127 wurde sie vom deutschen König Lothar erobert und als Brückenkopf für einen Feldzug jenseits der Warnow genutzt. 1160 fand eines der bedeutendsten Ereignisse der mittelalterlichen Geschichte Mecklenburgs vor Werle statt. Der stolze Fürst der Obodriten und Stammvater des mecklenburgischen Herzogshauses, Niklot, hatte sich dort vor Heinrich dem Löwen verschanzt. Bei einem Scharmützel mit den Sachsen kam Niklot ums Leben, so jedenfalls eine Version des Geschehens. Der Chronist Helmold von Bosau schrieb: 1160 *drang Herzog Heinrich mit einem starken Heer ins Land der Slawen ein, und verwüstete dasselbe mit Feuer und Schwert. Da nun Niklot die Macht des Herzogs sah, so steckte er, um der Gefahr einer Belagerung zu entgehen, alle seine Burgen, nämlich Ilow, Mecklenburg, Schwerin und Dobin, in Brand.* Die Dänen unter König Waldemar waren – was Helmold verschweigt – zu diesem Zeitpunkt auf der Insel Poel gelandet, um Heinrich den Löwen in seinem Kampf gegen die Obodriten zu unterstützen. Helmold berichtete weiter: *Nur eine Burg, Werle, gelegen am Flusse Warnow in der Nähe des Landes Kessin, behielt er* [Niklot] *für sich. Von dieser zogen sie täglich aus, kundschafteten das Heer des Herzogs aus, und trafen die Unvorsichtigen aus dem Hinterhalt.* […] *Und er zog mit einer Anzahl Auserlesener aus und legte in einen Versteck in der Nähe des Heeres einen Hinterhalt. Darauf kamen Burschen aus dem Lager um Futter zu holen, und näherten sich dem Hinterhalt. Es waren aber Kriegsleute unter die Knechte gemischt, sechzig an der Zahl, und alle hatten unter den Röcken Harnische an. Niklot nun, der das nicht merkte, jagte auf einem sehr raschen Pferde unter sie hinein, in der Absicht, einen zu durchbohren. Allein er traf mit der Lanze auf den Harnisch, der Stoß ging fehl und die Lanze sprang zurück. Als er zu den Seinigen zurückkehren wollte, ward er plötzlich umzingelt und getötet, da keiner derselben ihm zu Hilfe kam.* […] *Darauf steckten seine Söhne, als sie vom Tode des Vaters hörten, Werle in Brand und verbargen sich in den Wäldern, ihre Familien aber brachten sie auf Schiffe.*

Ein monumentales Gemälde der Historienmaler Theodor Schloepke (1812–1878) im Schweriner Schloss zeigt dieses Ereignis. Der dänische Chronist Saxo Grammaticus berichtet darüber hinaus, man habe

Gedenkstein auf der Burg Werle

Niklot nachträglich enthauptet und den Kopf auf einen Pfahl gesteckt. Entlang der Küste folgten die Dänen von Poel aus dem Herzog Heinrich, der den Landweg nahm. Die Zufahrt zur Warnow – den Fluss, den sie *Guderaksaa* nannten – hatten sich die Dänen hart erkämpfen müssen. Kurz darauf zerstörten sie die Burg Rostock, die auf dem rechten Ufer der Warnow lag, und wahrscheinlich auch die Siedlungskomplexe auf dem Gebiet der heutigen Altstadt. Das jedenfalls berichtet Saxo Grammaticus. Helmold erwähnte die Beteiligung der Dänen nicht, er wollte damit den Sachsen den alleinigen Sieg zuschreiben und damit gegenüber den Dänen deren alleinigen Anspruch auf die Gebiete südlich der Ostsee bestärken. Aber die um 1250 in Island aufgezeichnete, sehr wortkarge isländische Knytlingasaga berichtet zum gleichen Ereignis etwas ganz anderes: *Sie* [die Dänen] *führen die Warnow hinauf und schlugen eine Schlacht gegen den wendischen Fürsten Mjuklat* [Niklot]. [...] *Die Schlacht fand statt an einem Ort Urk* [Werle] *genannt, wo König Waldemar den Sieg errang und Mjuklat getötet wurde, als er vom Schlachtfeld floh.* Das Land des Niklot musste sich endgültig dem sächsischen Herzog unterwerfen und verlor für immer seine Unabhängigkeit.

Die Warnow bei Neu Rukieten. Am rechten Ufer zeichnet sich im Gelände eine alte Flussschleife ab.

Eines zeigen die Berichte deutlich: Das Befahren der Warnow von der Ostsee bis nach Werle war möglich und deutlich einfacher als später, denn der Rostocker Mühlendamm, die große Barriere, entstand erst im 13. Jahrhundert. Ein letztes Mal wurde die Burg Werle um 1200 erneuert. Möglicherweise entstand dabei der feste Turm, dessen Fundamente von Friedrich Lisch (1801–1883) im 19. Jahrhundert freigelegt wurden.

Bei Neu Rukieten, seit 1928 ein Ortsteil von Werle, wurde 1928 eine Schleife der Warnow abgeschnitten. Der Altarm ist heute nur noch aus der Luft zu erkennen. Das ist eine der sichtbaren Spuren der umfassenden Baggerarbeiten, die die Schifffahrt erleichtern sollten. Im Zusatzvertrag vom 18. August 1926, der mit der Stettiner Firma »Mitzlaff und Beitzke Nachf.« geschlossen wurde, hielt der § 15 folgendes fest: *Alle bei dem Ausheben des Bodens etwa gefundene Gegenstände, die geschichtlichen, naturgeschichtlichen oder sonstigen Wert haben, worüber die Bauleitung entscheidet, hat der Unternehmer an die Bauleitung abzugeben.* Ob die Bauleitung darüber tatsächlich jemals beriet, kann als unwahrscheinlich angesehen werden, nicht einen Fund hat die Firma gemeldet. Dass jedoch mit drei im Akkord arbeitenden Baggern so manches auf den Spülfeldern und in den alten Torfstichen zwischen Bützow und Rostock verschwand, wissen wir genau. Bauinspektor Pierstorff aus Rostock nämlich war einer, der die Mühe nicht scheute und Flächen mit dem Baggergut absuchte. Was er entdeckte, sorgte Schlagzeilen: der Waffenfund aus der Warnow. Die insgesamt 56 Stücke von zum Teil hervorragendem kulturgeschichtlichem Wert, schenke Pierstorff bis auf zwei Steinbeile dem Kulturhistorischen Museum in Rostock, wo sie wissenschaftlich bearbeitet und ausgestellt wurden.

Pierstorff sammelte auf einer Strecke von gut 3,5 Kilometern Funde aus den beiden nachchristlichen Jahrtausenden ein. Gut zwanzig menschliche Schädel hatten die Arbeiter auf Pfähle gesteckt, bald jedoch verschwanden diese wieder in der Warnow. Sie zeugen von Augenblicken, wo die Stille des Flusses jäh durch Waffenklirren und Todesschreien unterbrochen wurde, längst vergessen, hätten nicht die Bagger die letzten Zeugnisse ans Tageslicht geholt. Wir wissen aber nicht, wann diese Kämpfe stattfanden und ob die Menschen alle gleichzeitig starben. Die Waffen stammen überwiegend aus zwei Zeitperioden: Eine Axt, Lanzenspitzen und Schwerter gingen in der Völkerwanderungszeit (4.–6. Jahrhundert) verloren, andere Waffen wie zwei Schwerter, sieben Lanzenspitzen, zwei Hellebarden und drei Streitäxte im 11. und 12. Jahrhundert.

Möglicherweise verweisen sie auf die noch nicht näher bekannte Übergangsstelle der mittelalterlichen Königsstraße zwischen Hamburg und Vinata, und hier irgendwo fochten im Jahr 1160 Sachsen und Dänen gegen den obodritischen Fürsten Niklot. Allerdings sind zumindest die Schwerter einhundert Jahre älter, es haben also noch andere kriegerische Ereignisse ihre Spuren am Ufer der Warnow hinterlassen. Nur wenige Stücke der Pierstorffschen Sammlung sind stammen aus der Zeit nach 1160, so ein Schwert des 13. Jahrhunderts und einige andere Gegenstände des Mittelalters und der Neuzeit. Vor wenigen Jahren sind bei Neu Rukieten erneut weitere Funde der Völkerwanderungszeit und Skelettreste zutage gekommen.

Bald hinter Neu Rukieten, östlich des Warnowbogens vor dem Sandgarten, liegt ein großer Torfstich. Hier wurde seit etwa 1880 bis um 1925 das Rohmaterial für Presstorf gewonnen.

Auf einer flachen Sandkuppe im Warnowtal gegenüber den alten Torfstichen befindet sich der Campingplatz am Sandgarten. Regelmäßige Kontrollen des Warnowwassers am Badestrand des privat bewirtschafteten Platzes bescheinigen eine gute Qualität.

Zum Campingplatz am Sandgarten gehört eine größere Feriensiedlung, die sich hauptsächlich bei den Rostockern großer Beliebtheit erfreut.

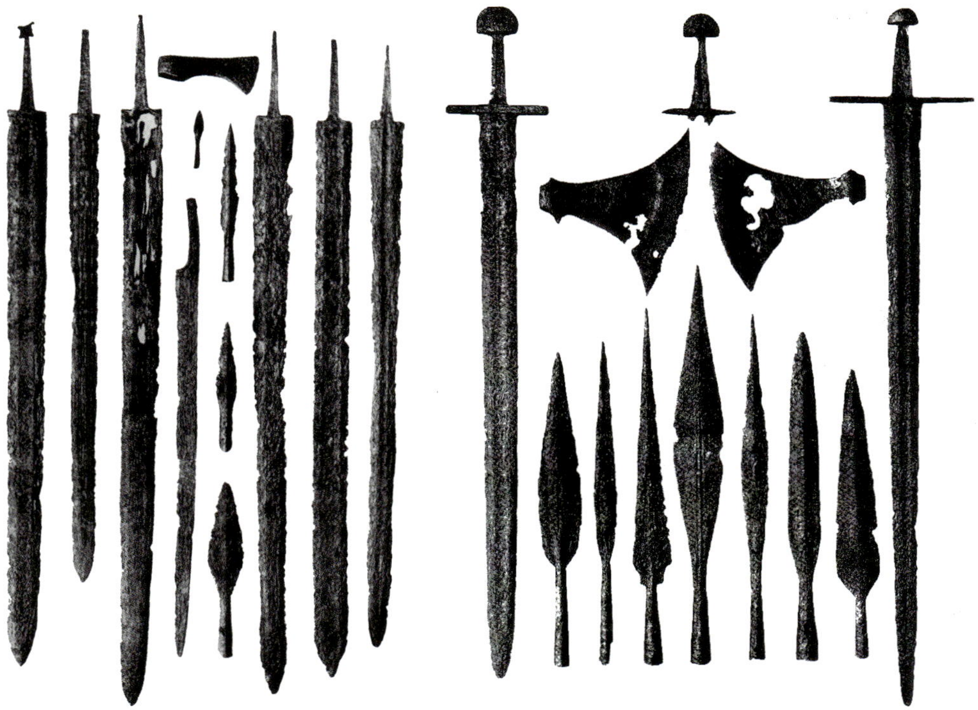

Schwerter, Äxte und Lanzenspitzen aus dem »Schwaaner Waffenfund«

Die Warnow von Schwaan bis Warnemünde

Schwaan – von Brücken, Künstlern und Ziegeleien

Südöstlich der Stadt Schwaan, abseits der Straßen und versteckt im Wald, liegt das Fachkrankenhaus Waldeck. Es wurde als Lungenheilanstalt auf Initiative des »Mecklenburgischen Landesvereins zur Gründung von Lungenheilstätten« erbaut. Die feierliche Eröffnung fand am 3. September 1911 im Beisein des Großherzogs Friedrich Franz IV. statt. Erster Leiter der Anstalt war Dr. Friedrich Dittmann, seit 1889 praktizierender Arzt in Schwaan. Dittmann wurde 1912 zum Sanitätsrat ernannt. Er starb 1922.

Im Ersten Weltkrieg diente das Krankenhaus in Waldeck als Lazarett. 1929 gab es 140 Betten. Seit 1949 nutzte man das Haus mit seiner schönen waldreichen Umgebung als TBC-Heilstätte, schrittweise wandelte sich Waldeck zum Reha-Zentrum. 1998 war der größte Umbau in der Geschichte des Hauses abgeschlossen. Als Fachkrankenhaus bietet es 210 Patienten Platz.

Das Erholungsgebiet am Schwaaner »Sandgarten«

Die Warnow war für Schwaan der Ort der Badefreuden. Das erste Schwaaner Flussbad, gelegen oberhalb der Stadt, öffnete 1871 seine Pforten. 1927 trat eine Badeanstalt an ihre Stelle. Das »Schwaanenbad« besaß ein 100 m langes Schwimmbecken, und Ostseesand verschönerte den Strand.

Viele Schwaaner haben hier bis Ende der 1970er Jahre schwimmen gelernt. Ein anderer Publikumsmagnet ist die Gaststätte »Lindenbruch« in einem gleichnamigen parkartig gestalteten Gelände. Das frühere Gesellschaftshaus zieht seit 1865 zahlreiche Gäste an. Die Rostocker kamen mit den Ausflugsdampfern auf der Warnow. Über die Jahre führen die Dampfer WARNOW, SCHWAAN, GÜSTROW und schließlich das 1925 gebaute Motorschiff, wieder mit dem Namen WARNOW, das unter dem Namen NIXE noch vielen Rostockern und Schwaanern bekannt sein wird. Das letzte Schiff auf der Warnow war die seit 1954 von der Neptunwerft Rostock betriebene Barkasse DIETER. Um 1960 endete die Personenschifffahrt auf der Warnow. Heute ist die Warnow vor Schwaan ein gern genutztes Revier für Wasserwanderer, aber auch erhol-

Das kleine Städtchen Schwaan liegt auf einer Sandinsel zwischen Beke und Warnow.

same Spaziergänge an der Warnow oder in den Wäldern um Schwaan bieten zahlreiche Möglichkeiten zur Erholung.

Die Warnowbrücke in Schwaan war sehr lange Zeit die einzige Möglichkeit, zwischen Rostock und Bützow die Warnow zu überqueren. Erst die Eisenbahn, dann die Brücke bei Kambs und schließlich erst in jüngster Zeit die Autobahnbrücke haben weitere Trassen durch das Warnowtal geschlagen. So war die Brücke in Schwaan schon immer ein Nadelöhr, sowohl für den Reisenden zu Lande als auch zu Wasser.

Dass es in Rostock ein florierendes Gewerbe gab, das auf der Oberwarnow ihr Auskommen hatte, zeigt eine Nachricht aus dem Jahr 1665. Beim Herzog ging am 26. September ein Beschwerde *sämtliche*[r] *vff dem Warnow Strohm mit den Schutten vff Rostock hin vndt nieder fahrende Leute* über ein seit dem Neubau der Brücke in Schwaan erhobenen Brückenzoll ein. [...] *ein jeder mit seiner Schute dadurch fährt,* [hat] *Ihnen 6 ßl* [Schillinge] *zu jedes Mal geben sollen, noch ohne daß 2 ßl. Trinckgelt, welches der Kerl erreichet, der die Brücke vff vnd zu lasset, desfals aber nicht zu klagen ist.* Die Antwort des Herzogs ist nicht bekannt.

1752 ließ der herzogliche Beamte einige Schwaaner nach dem Brückengeld fragen, das von herzoglichen Holzprahmen, also einem Lastkahn ohne Antrieb, auf der Warnow in Schwaan zu zahlen war. Demnach wurden zwölf Personen gebraucht, um die Brücke zu öffnen. Bei jeder Brückenöffnung gab es sechs Schillinge vom Bürgermeister. Für die Jahre 1749 bis 1751 hatte dieser insgesamt 22 Taler 42 Schilling für Durchfahrten der herzoglichen Schuten berechnet. Das

Die Warnow bei Schwaan

waren insgesamt 183 Einsätze für die Arbeiter. Die Summe konnte von den Zeugen nicht bestätigt werden. Gab es den Verdacht, dass die Schiffer oder gar der Bürgermeister zu viele Spesen gefordert hatten? Bei der Befragung stellte sich jedoch heraus, dass die Rostocker Schutenfahrer bereits zwölf Schillinge geben mussten, der Landesherr also noch einen Vorzugspreis genoss. Fünf Jahre später ging eine nächste erfolglose Beschwerde ein, die der Kaufleute Jacob Christoph Schröder und Johann Bernhard Mann. Offensichtlich hatten die Schwaaner das Recht auf Brückenzoll im Jahr 1727 zusammen mit der Brücke erworben, denn sie waren auch für die Unterhaltung der Brücke verantwortlich. 1841 wird sogar festgestellt, [...] *daß Großherzogl. Regierung die Herabsetzung des von herrschaftlichen Prahmen mit 12 ß. zu entrichtenden Brückenzolls bis auf 6 ß unzulässig erscheint.*

1766 und 1803 berichten die Unterlagen vom Bau einer neuen Zugbrücke in Schwaan, ein weiterer soll um 1872/1873 stattgefunden haben. Die von Postkarten bekannte hölzerne Portalzugbrücke entstand vermutlich erst 1896. Diese hatte eine lichte Breite von 6,6 Meter. Wer breiter war, kam nicht weiter. Allerdings reichten die 6,6 Meter aus, denn auch die Schleusen in Rostock und am Güstrow-Bützow-Kanal boten nicht mehr Raum. Die Schwaaner Brücke mit ihren den Fluss einengenden Dämmen war jedoch auch ein Nadelöhr für das Wasser der Warnow, besonders bei Hochwasser im Frühjahr. Sie wirkte wie ein Stau. 1817 betrug der Unterschied zwischen dem Wasserspiegel der Warnow oberhalb und unterhalb der Brücke beachtliche zwölf Zentimeter. Die Brücke selbst lag zwei Meter über der Warnow.

Während die Regulierung der Warnow oberhalb von Schwaan am Ende des Ersten Weltkrieges weitgehend abgeschlossen wurde, blieb sie bis Rostock vorerst liegen. Auch ein Neubau der Brücke in Schwaan kam 1919 nicht über die Planungsphase hinaus. Nach der Inflation begann die Fortsetzung der seit 1920/1921 ruhenden Vorhaben. Bei ständig anfallenden Reparaturen hatte man schon 1922 so gravierende Mängel festgestellt, dass auch die letzten Zweifler trotz der zu erwartenden hohen Kosten von der Notwendigkeit eines Neubaues überzeugt worden waren. Im Zuge der Baggerung und stellenweise Begradigung der Warnow zwischen Werle und Rostock in den Jahren 1926 bis 1928 bgann 1927 der Bau der neuen Warnowbrücke in Schwaan, eine Brücke, die ohne den bisherigen Aufwand an menschlicher Arbeit auskommen konnte. 135.000 Reichsmark kamen vom Land Mecklenburg und weitere 75.000 vom

Peter Paul Draewing: Warnowbrücke Schwaan, 1927

Reich. Die Eisenkonstruktion lieferte die Firma »Jucho« in Dortmund. Besonders aufwändig zu bauen war die Pfeilergründung, um den knapp sieben Meter mächtigen Torf zu überwinden. Mit einer Durchfahrtshöhe von um 3,50 Meter im geschlossenen Zustand und einer Hubhöhe von 1,70 Metern konnte sie auch bei Hochwasser einen reibungslosen Schiffsverkehr gewährleisten.

In den Verkehr genommen wurde sie am 9. August 1928, danach fielen noch Restarbeiten wie der Weiterbau der Rampen an. Die Rampen mussten sein, bis 60 Zentimeter wurden aufgeschüttet, um das nötige Brückenniveau zu erhalten. Seitliche Treppen führten den Fußgänger auf die Brücke, weil die Bürgersteige wegen der tief liegenden Häuser nicht mit erhöht werden konnten. Damit sei das Bild ihrer Häuser beeinträchtigt worden, beschwerten sich prompt einige der Anwohner. Ihre Eingaben aber blieben erfolglos. Die Gesamtkosten der Schwaaner Brücke beliefen sich auf 216.896,44 Reichsmark, wie üblich also waren die Baukosten überzogen worden. Das Ende des Zweiten Weltkrieges überstand die Brücke mit einigen Schäden, die im Jahr 1950 beseitigt werden konnten. Eine trotz des Bauaufwandes von 1927 schlechte Gründung der Brücke und ein schwerer LKW-Unfall im Jahr 2005 hatten der Brücke schließlich so zu zugesetzt, dass es unmöglich geworden war, das technische Denkmal als eines der letzten Relikte einer regen Warnowschifffahrt zu retten. Die stählernen Hubportale wurden im Sommer 2009 demontiert. Ein ca. 3,5 Millionen Euro teurer Neubau ist für 2015/2016 geplant. Bis dahin rollt der Verkehr über eine Behelfsbrücke.

An der 2009 demontierten Hubbrücke in Schwaan

Als slawische und deutsche Siedler im 13. Jahrhundert die Stadt Schwaan gründeten, übernahmen sie einige zentralörtliche Funktionen, die bis dahin mit der Burg Werle verbunden waren. Die Stadt liegt an einer besonders interessanten Stelle am Warnowlauf. Hier hat das kleine Flüsschen namens Beke vor der Mündung in die Warnow die auf seinem Lauf mitgebrachten Sedimente ins Warnowtal geschüttet und damit einen festen Schwemmkegel geschaffen, der das moorige Tal der Warnow auf 300 Meter zusammenschnürte. Bis vor nicht allzu langer Zeit waren diese natürlichen Gegebenheiten prägend für das Stadtbild. Der in der ersten Hälfte des 13. Jahrhunderts angelegte Mühlenstau sorgte für eine Vernässung der Beke oberhalb der Mühle, das »Lindenbruch« entstand. Zudem bildete er so einen hervorragenden natürlichen Schutz für die Stadt. Sogar die Gräben der Schwaaner Burg füllten sich erst mit Wasser, nachdem der Müller die Beke angestaut hatte. Nur die

Dämme der Rostocker Landstraße und der heutigen Loxstedter Straße verbanden die Talseiten. Aufschüttungen an der Beke und vor allem der Bau der Supermärkte nördlich der Altstadt haben dieses Bild arg beeinträchtigt, auch wenn die Nähe der Märkte zum Zentrum fast beispiellos ist.

Die geologisch bedingte Verengung des Warnowtales bot hervorragende Bedingungen für einen Übergang. Wer das Tal zwischen Rostock und Bützow queren wollte, musste durch Schwaan, brachte Waren mit, zahlte Zoll und kaufte vielleicht auch das eine oder andere. Vom frühen Wohlstand zeugt die Mitte des 13. Jahrhunderts erbaute frühgotische Kirche, die dem Heiligen Paulus geweiht ist. Sonst blieb Schwaan jedoch ein kleines Städtchen, stets dominiert von der landesherrlichen Burg mit ihrem wehrhaften Turm. Anfang des 18. Jahrhunderts wurde das anstelle der mittelalterlichen Burg errichtete Renaissanceschloss abgebrochen, der wuchtige alte Wehrturm um 1750. Auf dem Gelände der Burg befindet sich heute eine Seniorenresidenz. Der Friedhof an der Kirche diente bis 1790 als Begräbnisstätte der Schwaaner. Das Rathaus stand ursprünglich auf dem Markt, dort wurde es beim letzten Stadtbrand wie nahezu die gesamte Stadt ein Opfer der Flammen. Erst 1780 bezog der Rat das Provisorium an der Nordseite der Kirche. Seit einem umfassenden Umbau im Jahr 1865 ist es auch offiziell das Rathaus.

Der Handel in der Stadt konnte sich wegen der Nähe zu Rostock und der Dominanz der Landesherrschaft, erst der Fürsten von Werle, dann der Fürsten und Herzöge von Mecklenburg und zwischenzeitlich sogar des dänischen Königs, kaum entfalten. Die Stadt lebte vom Handwerk und vor allem von der Selbstversorgung durch den Ackerbau, der auf der knapp 2.000 Hektar großen Stadtfeldmark ein einigermaßen gesichertes Einkommen ermöglichte. Der leichte Boden war für den nach 1900 intensiv betriebenen Spargelanbau gut geeignet. Zur Stadt gehörten einige verarbeitende Betriebe wie die Kartoffeltrocknungsfabrik von 1905. Heute steht dort die »Warnowpassage«. Zu den wichtigen Unternehmen der Stadt Schwaan zählt die 1906 von Franz Janzen gegründete Fischfabrik, heute »Schwaaner Fischwaren«. 1913 entstand eine chemische Fabrik, die seit 1925 Insulin aus Bauchspeicheldrüsen von Schweinen herstellte.

Überregional bekannt wurde Schwaan als das mecklenburgische Worpswede. Bereits um 1860 hielten sich einige Künstler in Schwaan auf, so Otto Dörr (1831–1868) und Eduard Ehrke (1837–1884). Der bekannte Landschaftsmaler Carl Malchin (1838–1923)

Die Stadtkirche in Schwaan

dürfte sein Talent in Schwaan entdeckt haben. Der Maler Franz Bunke – 1857 in Schwaan geboren – gilt als Begründer der Schwaaner Künstlerkolonie. Er studierte in Berlin und Weimar und lehrte danach selbst Landschaftsmalerei an der Großherzoglich Sächsischen Kunstschule in Weimar. In deren Umfeld entwickelte sich die »Weimarer Malerschule«, die als Wegbereiterin der Freilichtmalerei und des Impressionismus in Deutschland eine führende Rolle spielte. Regelmäßig besuchte er mit Kollegen und Schülern seine Heimatstadt. In Schwaan setzten sie die in Weimar gelehrten Methoden um. Die reizvolle Schwaaner Warnowlandschaft bot zahlreiche Motive für künstlerische Studien. Zwei weitere Schwaaner studierten in Weimar, Rudolf Bartels (1872–1943) und auch Peter Paul Draewing (1876–1940). Die vierte im Bunde war der Hamburger Alfred Heinsohn (1875–1927). Nach dem Ersten Weltkrieg blieben die Besuche von Künstlern in Schwaan weitgehend aus. Nur Franz Bunke kam häufiger und brachte gelegentlich Schüler mit.

1910 erhielt Bunke einen Professorentitel und 1927 die Ehrenbürgerschaft der Stadt Schwaan. Er war Ehrenmitglied des »Thüringischen Ausstellungsvereins bildender Künstler« und des »Mecklenburgischen Künstlerbundes«. Bunke starb am 6. Juli 1939 in seiner Weimar. Vor allem Gemälde von Franz Bunke zieren noch heute viele Schwaaner Wohnzimmer.

Thema sehr vieler in Schwaan entstandener Werke ist die Warnow. Die Stimmungen wurden ebenso festgehalten wie das geschäftige Treiben auf und am Fluss. Die Kolonie selbst geriet lange in Vergessenheit. 1992 zeigten das Staatliche Museum Schwerin und das Kulturhistorische Museum Rostock erstmals zahlreiche, größtenteils in Privatbesitz befindliche Werke Schwaaner Künstler. Seit 2002 wird in der ehemaligen Wassermühle die Geschichte der Künstlerkolonie präsentiert. Zahlreiche Bilder von in Schwaan tätig gewesenen Malern konnte die Stadt inzwischen erwerben. Zugleich will die Kunstmühle in Sonderausstellungen neue Werke zeigen und damit die von Franz Bunke begründete Tradition fortsetzen.

Peter Paul Draewing: Treidler auf der Warnow, um 1920

An den Ufern der Warnow gibt es verschiedene Tonvorkommen, die sich hervorragend zur Ziegelherstellung eignen. Deshalb entstanden an der Warnow zahlreiche Ziegeleien; der Ton wurde über Jahrhunderte hinweg ausgebeutet. Dieser Wirtschaftszweig bildete neben dem Handel mit Holz eine wichtige Grundlage für den Schiffsverkehr auf der Warnow. Die ältesten Ziegeleien lagen bei Schwaan und Wiendorf.

Konnte die Stadt Rostock anfangs noch die unmittelbar in ihrer Nähe gelegene Tonlager nutzen, reichten sie für den Ziegelbedarf der aufstrebenden Hansestadt nicht mehr. Der Bau von vier großen Pfarrkirchen, einigen Klöstern, der Stadtmauer und vieler Bürgerhäuser verschlang Millionen von Ziegeln, die in einfachen Feldbrandöfen produziert wurden. Bald musste sich die Stadt nach weiteren Möglichkeiten umsehen, an den begehrten Ton zu kommen.

Am 24. April 1368 erlaubte Fürst Lorenz von Werle-Güstrow dem Rat und den Vorstehern der Pfarrkirchen zu Rostock, in Göldenitz und Niendorf bei Schwaan nach Ziegelerde zu graben. Der Fürst hatte eine sichere Einnahmequelle mehr und die Rostocker einen wichtigen Rohstoff, den sie mit Prahmen über die Warnow in die Stadt brachten. Am rechten Ufer der Warnow oberhalb des Mühlendammes betrieb die Marienkirche bis ins 19. Jahrhundert hinein ihre Ziegelei, die auch die Stadt und Kirchen im Umland mit Ziegelsteinen versorgte.

1471 erhielten Bürgermeister und Ratsherren das Recht, auf dem Stadtfeld in Schwaan nach Ziegelerde zu graben und diese nach Rostock zu bringen. Zumindest eine dieser Tongruben, betrieben von der Rostocker Marienkirche, kaufte die Stadt Schwaan im Jahr 1898.

Während man in den kleinen Städten bis ins 18. Jahrhundert hinein fast ausschließlich mit Lehm und Holz baute und allenfalls für den Bau der Kirche und der Stadtmauer zeitweise Ziegeleien unterhielt, brauchten die Fürsten und Herzöge Ziegel für ihre Burgen und Schlösser. Überhaupt ließen sich Ziegel gut verkaufen. Eine Ziegelei des Amtes Schwaan ist ab dem 17. Jahrhundert nachweisbar. 1632 erging ein Befehl an den Schwaaner Amtmann, Mauersteine nach Güstrow zu liefern. 1670 wurde der Bau

Ziegelstempel und Treppenwange der einstige Ziegelei der Rostocker Marienkirche

Ruinen der letzten Ziegelei in Wiendorf und Blick in den Brennofen

eines neuen Ziegelofens nötig und 1679/1680 errichtete man eine neue Ziegelei. Vermutlich war es die, die noch im 20. Jahrhundert in Wiendorf in Betrieb war. In den Jahren 1800/1801 drohte der Schwaaner Amtsziegelei ein erheblicher Mangel an Torf und Ziegelerde, deshalb sorgte das Amt für die Zuweisung neuer Torfstiche und Ausweisung neuer Flächen für Tongruben auf der Gemarkung Wiendorf sowie für günstige Transportwege über die bäuerliche Feldmark. Im 20. Jahrhundert ist die ehemalige Amtsziegelei unter dem Namen »Königsche Ziegelei« bekannt geworden.

Eine zweite Ziegelei am Ostufer der Warnow entstand 1846 eigens für die mit dem Bau der Eisenbahn von Hagenow nach Rostock verbundenen Brückenprojekte, besonders für die Benitzer Warnowbrücke. Die in Schwaan in der Marienstraße unmittelbar an der Warnow gelegene Ziegelei war für Mecklenburg so innovativ wie die Bahn selbst. Sie hatte den ersten in einem kontinuierlichen Brennvorgang zu betreibenden Ofen des Landes und verfügte auch über eine Dampfmaschine. Der Besitzer, Fabrikant Didier aus Stettin, lieferte per Prahm bis Bützow und Rostock. Später befand sich der Betrieb unter dem Namen »Warnowziegelei« in städtischem Besitz, bis 1913 eine chemische Fabrik an ihre Stelle trat.

Der Rostocker Hunger nach Ziegeln – die Stadt wuchs in der zweiten Hälfte des 19. Jahrhunderts weit über ihre alten Grenzen hinaus – erlaubte den Betrieb zahlreicher Ziegeleien mit ebenfalls guten Gewinnaus-

sichten. 1874 nahm die Ziegelei Bröcker in Schwaan ihre Arbeit auf. Allein im Jahr 1935 produzierte sie sieben Millionen Ziegel.
1875 beantragte Erbpächter Jörn zusammen mit dem Unternehmer Müller erfolgreich für die Hufe Nr. V in Wiendorf die Anlage einer Ziegelei mit Ringofen und Ziegelscheune. 1912 kam ein Pressenhaus hinzu. Nach dem Tod von Jörn 1913 übernahm August Müller den Betrieb. Die erst danach entstandenen »Wulfschen Werke« lieferten bis bis 5,8 Millionen Ziegel jährlich. 1880 kam noch eine stadteigene Ziegelei am Wiendorfer Weg hinzu. Sie brannte jährlich um die zwei Millionen Ziegel. Die letzte Ziegelei entstand 1887 auf der Hufe II in Niendorf. Seit 1895 von der Stadt betrieben, konnte sie bis 2,5 Millionen Ziegel im Jahr herstellen.
1945 wurden die Ziegeleien Bröcker und Wulff demontiert, die technischen Anlagen kamen in die UdSSR. Die Jörnsche Ziegelei ging 1970 ein. Die ehemalige Amtsziegelei war bis in die 1980er Jahre hinein in Betrieb.

Natur und Technik zwischen Schwaan und Rostock

Zwischen Schwaan und Rostock schlängelt sich die Warnow knapp 21 Flusskilometer gemächlich durch eine gut einen Kilometer breite Moor- und Wiesenlandschaft. Nur wenige Ortschaften liegen unmittelbar am Flussufer. Abgesehen von den Baggerungen des Jahres 1928 konnte die Warnow hier ihre natürliche Ausprägung weitgehend bewahren. Die Landschaft um sie herum jedoch wurde nachhaltig umgestaltet. Die

Die Warnow bei Benitz. Die Insel entstand 1928 bei der Baggerung der Flusses.

natürlichen Auwälder mussten Weiden und Wiesen weichen. Maßnahmen zur Intensivierung wie Polderungen mit Abschöpfanlagen wie beispielsweise an der Trebel blieben der Region glücklicherweise erspart. Dennoch sind die Eingriffe des Menschen nicht zu übersehen. Die größeren Wasserflächen am Rande der Warnow zeugen vom Torfabbau im industriellen Umfang. Die Wiesen wurden bis in die 1960er Jahre hinein als Mähwiesen nur extensiv genutzt.

Mit dem Ende der Warnowschifffahrt nach dem Zweiten Weltkrieg und dem immer höheren Stellenwert des Flusses als Trinkwasserschutzgebiet bekam die Natur die Möglichkeit, die vom Menschen zugefügten Wunden zu tilgen. Das gelang ihr in so gut, dass man es geraten hielt, das Warnowtal zwischen Rostock und Pölchow im Jahr 1990 als Naturschutzgebiet »Unteres Warnowland« auszuweisen. Damit wird eine Fläche von 1.163 Hektar in den Gemeinden Pölchow, Papendorf, Kessin, Kavelstorf, Damm und Rostock vor weiteren Eingriffen geschützt. Seltene Vogelarten wie Wachtelkönig, Tüpfelsumpfhuhn, Bekassine, Blaukehlchen, Schlagschwirl und Beutelmeise sind hier heimisch.

Die Warnowquerung der Bahnlinie von Bützow–Rostock, rechts der Altarm der Warnow

Auch wenn die Warnow längst nicht mehr als Wasserstraße interessant ist und keine großen Straßen dem Fluss folgen, so ist das Warnowtal verkehrstechnisch bedeutend. Über viele Kilometer ist die Eisenbahn der ständige Begleiter des Flusses. Gut zweieinhalb Kilometer nördlich des Schwaaner Bahnhofs fahren die Züge über die Benitzer Eisenbahnbrücke. Sie liegt im Zuge der Bahnstrecke von Hamburg nach Rostock und Stralsund. Der Bau der Bahnlinie von Bad Kleinen nach Rostock war keineswegs einfach. Von Eickhof an folgte die Bahn dem Lauf der Warnow abseits der torfigen Flussaue, hatte also keine großen Steigungen zu überwinden. Aber es gab ein großes Hindernis: die Warnowquerung bei Benitz nördlich von Schwaan.

Der Schwaaner Heimatforscher Fritz Luckmann hat die Akten der Eisenbahngesellschaft akribisch durchgesehen. Sie lassen erkennen, welche Herausforderung der Bau der Benitzer Eisenbahnbrücke für die damaligen Techniker war. Sie gehörte zu den aufwändigsten Pionierprojekten der frühen Eisenbahngeschichte.

Im Februar 1847 begann man mit den Rammarbeiten, man versenkte über 600 Spundpfähle. Eine dampfgetriebene Pumpe sorgte für eine wasserfreie Baugrube, in der 170 Schachtruten (1.023 Kubikmeter) Feldsteine verschwanden. Eigens für den Brückenbau errichtete man in Schwaan eine Ziegelei und brachte das Baumaterial mit Kähnen zur Baustelle. Etwa 450 Arbeiter schufteten für den Fortschritt. Weitere 550

Arbeiter gruben ein 1.200 Meter langes neues Bett für die Warnow, welches über 50 Meter breit und 3,60 Meter tief sein sollte. 11.286.000 Soden Torf, das sind mehr als 56.000 Kubikmeter, wurden dafür gestochen. Der Vorteil war, dass man mit der Verlegung des Stromes in ein Gebiet mit geringeren Moortiefen weniger Probleme mit dem Fundament haben würde. Ganz nebenbei verkürzte man die Warnow um gute 600 Meter. Die eiserne Drehbrücke lieferte die Firma Borsig. Sie war auf einem Pfeiler gelagert, der sich mitten im Flussbett befand. Weiterhin hatte die Brücke drei aus Ziegeln gebaute Bogensegmente.

Viele Male wurde die Benitzer Brücke neu gebaut. Mit dem Ausbau der Bahnstrecke, die im Laufe der Jahrzehnte immer mehr an Bedeutung gewann, entstand die zweigleisige Streckenführung. Zugleich erforderte der wachsende Schiffsverkehr eine größere Durchfahrtshöhe. Der Bahndamm wurde erneuert, erhöht und dabei sogar etwas verlegt. Eine mehrjochige, feste Konstruktion ersetzte am Ende des 19. Jahrhunderts die unpraktisch gewordene Drehbrücke. Dazu erhöhte man den Bahndamm nochmals, damit der Schiffsverkehr weiterhin passieren konnte. Die Reste des alten Drehbrückenpfeilers wurden beim Ausbau der Warnow um 1916 bis in 3,5 Meter Tiefe abgetragen.

Am 30. April 1945 fuhr der vorerst letzte Zug nach Rostock. In der Nacht zum ersten Mai wurde je ein Feld von jedem Gleis der Brücke gesprengt. Die Instandsetzung nach dem Krieg war deshalb ohne großen Aufwand möglich. Viel gravierender war die Demontage der gesamten Bahnstrecke zwischen Rostock und Schwaan.

Der letzte Neubau der Benitzer Brücke erfolgte im Zuge des Ausbaues der Strecke Bützow–Rostock im Jahr 1993 in Form einer freitragenden Brücke mit Stahlbogen auf neuem Fundament.

Eisenbahnen an der Warnow

Der Bau der 1846 eröffneten Eisenbahnstrecke von Berlin nach Hamburg und deren absehbare Vorteile veranlasste auch das Großherzogtum Mecklenburg-Schwerin zur Nutzung einer der größten Innovationen des 19. Jahrhunderts. Vom 10. März 1846 datiert die landesherrliche Bestätigung der »Mecklenburgischen Eisenbahn-Gesellschaft«, nur weniger als ein Jahr später, am 1. Mai 1847, fuhr der erste Zug die 28,3 km von Schwerin nach Hagenow (Land), von wo aus man nach Berlin und Hamburg weiter reisen konnte. Am 12. Juli 1848 wurde die Strecke von Schwerin nach Wismar (32,2 Kilometer) eröffnet. Zügig ging der Weiterbau voran. Am 12. Mai 1850 fuhr der Eröffnungszug die 71,7 Kilometer von Bad Kleinen nach Rostock. Zugleich ging die Strecke Bützow–Güstrow in Betrieb. Von nun an kam man zweimal täglich in 2 ½ Stunden von Rostock nach Schwerin und in 3 ½ Stunden nach Hagenow. Der Weiterbau nach Neubrandenburg war erst 1864 und nach Stettin 1867 vollendet. Die Strecke von Bad Kleinen nach Lübeck öffnete 1870.

Die am 12. Mai 1850 in Betrieb genommene Eisenbahn endete in Rostock am Friedrich-Franz-Bahnhof unmittelbar südlich der Altstadt in Verlängerung der Grubenstraße. In den 1880er Jahren begann der Ausbau der Bahnlinie von Berlin nach Warnemünde durch die Lloyd-Bahn. Die Strecke wurde zusammen mit dem heutigen Hauptbahn-

Bahnhof Sternberg, um 1900

Die Bahnlinie überquert bei Benitz die Warnow.

hof 1886 in Betrieb genommen. Und Rostock war seitdem nicht mehr Endstation; der alte Bahnhof verlor seine Bedeutung für den Personenverkehr. 1905 fuhr der letzte Personenzug in den Friedrich-Franz-Bahnhof ein, aber als Güterbahnhof und Schaltstelle zum Stadthafen blieb er verkehrstechnisch wichtig. Ein Ticket Erster Klasse von Rostock nach Schwerin kostete 1867 2 Taler 17 Schillinge, die Fahrt Zweiter Klasse 1,33 und Dritter Klasse 1 Taler 11 Schillinge.

Die Bahn in Mecklenburg hatte im 19. Jahrhundert bewegte Zeiten hinter sich gebracht. Zahlreiche nicht beglichene Rechnungen führten 1873 zu einem Versuch, die Bahn zu verstaatlichen. Doch schon am 2. Mai 1875 folgte die Reprivatisierung als »Mecklenburgische Friedrich-Franz-Eisenbahngesellschaft«. 1890 kam die zweite Verstaatlichung. Nur noch einzelne Nebenstrecken und Kleinbahnen wurden privat erbaut und betrieben. Dennoch waren gerade die 1880er Jahre das Jahrzehnt des mecklenburgischen Eisenbahnfiebers. Kühn folgten bei Rostock weitere Brücken über die Warnow. 1886 fertig gestellt wurde die Brücke der Lloyd-Eisenbahn von Berlin über Neustrelitz nach Warnemünde bei Niex. In den Jahren 1886 und 1887 entstand die Brücke für die Strecke Rostock-Stralsund nur wenig südlich des Mühlendammes, bis heute eine der wichtigsten von Rostock ausgehenden Verbindungen. Seit 1894 gab es die Nebenstrecke nach Tribsees. Nach dem Zweiten Weltkrieg über große Strecken demontiert, entschied man sich nur noch für eine Instandsetzung bis Tessin. Die Brücke liegt unmittelbar südlich von Kessin. Daneben erfolgte der Ausbau bestehender Strecken. Am 1. April 1894 erhielt Pölchow einen eigenen Haltepunkt, später kamen noch Papendorf (um 1942) und Huckstorf (1948) hinzu. Seit 1902 war die Bahnstrecke von Rostock nach Schwaan zweigleisig befahrbar.

Kurz vor dem Ersten Weltkrieg begann der umfassende Umbau des Bahnhofes Schwaan. Den Güterbahnhof verlegte man auf die Ostseite, Bahnübergänge durch die beiden Brücken ersetzt und das Empfangsgebäude erhielt durch eine Schwaaner Baufirma sein Obergeschoss. Mit Unterbrechungen wurde bis 1916 gebaut und dabei 3,5 Hektar Fläche verbraucht und mehrere Häuser abgebrochen. Eigene Bahnanschlüsse unterhielten verschiedene Schwaaner Betriebe.

1914 besaß die Mecklenburgische Eisenbahn 1.184,7 Kilometer Strecke, davon 452,8 Kilometer Hauptbahnen. 95,3 Kilometer waren zweigleisig ausgebaut. Seit 1920 gehörte sie zum nun gesamtdeutschen Unternehmen »Deutsche Reichsbahn«.

Nach Jahren des Aufschwunges und eines florierenden Güterverkehrs von und nach Rostock hatte der Zweite Weltkrieg nicht nur die Stadt Rostock und die dortigen Industrieanlagen zerstört, sondern auch den Verkehr ruiniert. 1945 ließ die Sowjetunion die lebenswichtige zweigleisige Strecke Bützow–Rostock vollständig abbauen. Nur langsam konnte sich die von Krieg und Demontage geschwächte Wirtschaft in der sowjetischen Besatzungszone erholen; sie musste ohne die großzügigen Wirtschaftshilfen wie die des Marshallplanes auskommen. 1948 begann das Verlegen einer eingleisigen Strecke Schwaan–Rostock als Jugendprojekt. Innerhalb weniger Monate konnten die 16,8 Kilometer am 27. Dezember 1948 in Betrieb genommen werden. Nun bestand wieder eine Bahnverbindung nach Süden, denn die Gleise nach Güstrow blieben von der Demontage verschont. 1950 war auch die Strecke Schwaan–Bützow (14,4 Kilometer) vollendet worden. Erst 1974/1975 wurde die Strecke Bützow–Rostock zweigleisig ausgebaut. 1985/1986 folgte die Elektrifizierung. Mit dem Bau des Überseehafens seit 1957 musste die Bahn den gewachsenen Anforderungen angepasst werden. Dazu gehörte der Neubau der Strecke Neustrelitz–Waren–Lalendorf (71,4 Kilometer), die am 28. Mai 1961 übergeben werden konnte. Am 30. Mai 1964 folgte die 16,0 Kilometer lange Neubaustrecke von Kavelstorf zum Überseehafen, ein Jahr später die Strecke Lalendorf–Plaaz (10,2 Kilometer) und am 20. September 1967 endlich die Neubaustrecke von Laage bis Scharstorf (8,0 Kilometer). In den letzten Jahren sind die Bahnstrecken umfassend modernisiert worden.

Kies, Torf und Ziegelton – die Rohstoffe der Warnow

Die Oberwarnow mit ihren gerade mal 38 schiffbaren Kilometern bot neben Ton und Torf noch ein drittes Rohstoffvorkommen: Kies. Am Talrand bei Benitz lagert besonders hochwertiger Kies, der nicht zuletzt für Beton in Brückenbauten Verwendung fand. Der Transport zur Verladestelle an der Warnow erfolgte mit einer Feldbahn. Benitz gehört zu den vielen Gutsdörfern, die von Rostock als nahem Absatzmarkt profitierten. Den Gewinn investierten die Gutsherren in repräsentative Bauprojekte. Als Architekten des um 1815/1820 gebauten Herrenhauses in Benitz verpflichtete die Gutsherrschaft David Anton Kuhfahl (1763–1831) aus Güstrow. Leider wurde der ansehnliche Ziegelbau 1986 verputzt. Das benachbarte Wahrstorf war noch 1766 eines der letzten Bauerndörfer der Region. Das änderte sich jedoch bald. Die Bauernstellen wurden gelegt. Es entstand das barocke Gutsdorf mit seinem großzügigen Hof. Es liegt jedoch nicht an der Stelle des mittelalterlichen Dorfes, sondern wurde südöstlich davon angelegt. Der ehemalige Dorfteich liegt nun am nördlichen Ortsrand.

Nördlich von Benitz sammelte Bauinspektor Pierstorff den zweiten bedeutenden Teil der bei der Warnowbaggerung zutage gebrachten archäologischen Kostbarkeiten. Die Beile und Lanzenspitzen sowie zwei aus Süddeutschland bzw. dem Alpengebiet importierte Schwerter stammen aus der Bronzezeit. Ob sich mit diesen Funden eine vorgeschichtliche Warnowübergangsstelle verbindet, muss noch geklärt werden.

Erst im 19. Jahrhundert wurden verstärkt die Tonvorkommen beider Warnowufer nördlich von Schwaan erschlossen. Die größte der Ziegeleien stand in Papendorf. Die Dampfziegelei in Papendorf wurde 1898 errichtet. 1903 erwarb Heinrich Hoeppner den Betrieb. *Zu Anfang konnten nur 1½ Millionen Ziegel fabriziert werden – heute 17–18 Millionen. Die Ziegelei wurde von Grund auf erneuert, neue Öfen, neue Pressen, neues Maschinenhaus wurden gebaut. Die moderne Technik, die künstliche Trockenvorrichtung, macht die Ziegelwerke völlig unabhängig vom Wetter, so daß Sommer und Winter gearbeitet werden kann*, schrieb man 1918 in der im

Das Herrenhaus in Benitz

Auftrag der »Mecklenburgischen Zeitung« erstellten Veröffentlichung »Mecklenburg im Kriege«. In nur 72 Stunden war der fast vollautomatisch zu Ziegeln verarbeitete Ton trocken und konnte in die Brennkammer. Bis zu achtzig Arbeiter hatten in Papendorf einen Job. Besonders lobte der Autor das Engagement Hoeppners im Rostocker Wohnungsbau. Fast 250 Wohnhäuser mit Zwei-, Drei- und Vierzimmerwohnungen wollte Hoeppner errichten, 149 dasvon wurden bis 1918 fertig Ziegel und Kies aus einer eigenen Grube, dazu fünf eiserne Prahme und ein eigener Schleppdampfer auf der Warnow ließen solche Unternehmungen zu. Hoeppner war ein erfolgreicher Geschäftsmann, der die Zeichen der Zeit erkannte und vom schnellen Wachstum Rostocks profitierte.

Georg Schütz: Ziegelei Hoeppner, um 1914, und Franz Bunke: Ziegeleiverladung an der Warnow, um 1910

Wichtiger Produktionsvorteil war die Lage an der Warnow. Die Produkte konnten so kostengünstig nach Rostock befördert werden. Hoeppner hatte eine Verladestelle mit Kran an der Warnow, an der angelieferte Kohle gelagert wurde. Über ein auf einer Hängebühne installiertes Gleis konnte er die Ware leicht vom Ziegeleigelände zur Warnow schaffen. 1939 wurde die Hoeppnersche Ziegelei von den Erben an Hans Killinger verkauft.

Südlich von Papendorf liegt an der Bahnlinie eine weitere Ziegelei, eine dritte an der Brücke bei Pölchow. Diese und eine vierte, schon im frühen 19. Jahrhundert nachweisbare Ziegelei bei Wahrstorf waren in einer Hand und finden sich in den Rostocker Adressbüchern als »Vereinigte Warnowziegeleien«, offiziell »Ziegelwerke Carl Fromm vorm. F. Saniter. Inh. Friedrich Fromm« genannt. 1881 verkaufte Peter Meyer das 1862 von seinem Vater übernommene Gut Wahrstorf an den Rostocker Bauinspektor Friedrich Saniter für 795.475 Reichsmark. Saniter war zu dieser Zeit bereits Ziegeleipächter. Er starb am 9. November 1888, den Betrieb übernahmen seine Söhne Ernst Friedrich und Albrecht Herrmann Georg. Seit 1902 war Ernst Friedrich Saniter alleiniger Besitzer von Wahrstorf. Sieben Jahre später kaufte Johannes Lüttman, vorher Gutspächter in Uelitz bei Schwerin, das Gut für 845.000 Mark. Der Ziegeleipächter war nun Friedrich Fromm, der zugleich die Ziegelei in Pölchow betrieb. Die Familie Lüttmann ging nach der Inflation in Konkurs, das 391 Hektar umfassende Gut wurde zwangsversteigert. Es folgten 1930 Agnes Lüttmann aus Groß Lehmhagen und 1935 Dr. Ernst Ludwig Voss. Kontore unterhielt die Firma in der Koßfelder Straße 9 und in der Wismarschen Straße 46 in Rostock. Lagerplätze befanden sich in Güstrow am Güstrow-Bützow-Kanal, in Rostock am Mühlendamm und in Bützow am Hafen. Laut eigenem Briefkopf produzierte man *Mauersteine, Zungensteine, Falzziegel und Fliesen, rote und weiße Verblender, Deckensteine jeder Art, Wandplatten und sonstige Form- und Ornamentsteine sowie Drainageröhren in allen Größen*. Zwei Stichkanäle führten von der Warnow bis an die Wahrstorfer Ziegelei.

Nicht nur die Vereinigten Ziegelwerke, sondern auch die Firma Hoeppner unterhielt einen Lagerplatz in Rostock an der Oberwarnow. Dort löschten sie ihre Prahme, obwohl die Flussbaukommission wegen der Nähe zur Schleuse 1927 ernsthafte Sicherheitsbedenken äußerte. So blieb das Entladen ungenehmigt, wurde aber mangels Alternative geduldet. Um 1930 baute die Stadt Rostock in diesem Bereich einen Hafenplatz und schuf damit geordnete Verhältnisse.

Die meisten Ziegeleien am westlichen Warnowufer arbeiteten bis um 1990. Die Ortslage Papendorf ist von der Ziegelindustrie geprägt worden. Auf einem parkähnlichen Grundstück steht die Fabrikantenvilla aus der Zeit um 1910. Einige der Mehrfamilienhäuser im Ortskern gehen auf von Hoeppner errichtete Arbeiterwohnungen zurück. Nördlich des Ortes liegen die alten Tongruben. Von der zweiten Papendorfer Ziegelei ist noch das Fabrikgebäude mit dem Brennofen erhalten, ein zweigeschossiger Backsteinbau mit einer dritten Etage aus Fachwerk.

Von der Pölchower Ziegelei werden derzeit die letzten Mauern abgeräumt, womit ein weiteres Industriedenkmal in Mecklenburg-Vorpommerns vernichtet wird. Die drei alten Tongruben sind inzwischen als wertvolle Biotope geschützt. Das Gelände der Ziegelei Wahrstorf ist dem Verfall preisgegeben.

Weitere Relikte menschlicher Nutzung des Warnowtals sind die zahlreichen Torfstiche, die den Fluss von Bützow an rechts und links begleiten. Die Warnow mit ihrem breiten Tal bietet Lagerstätten mit fast unvorstellbaren Mengen dieses Rohstoffes. Für

Das Ziegeleigelände der Hoeppnerschen Ziegelei in Papendorf, vorn die alte Ladestelle, hinten die Villa

Die ruinierte Ziegelei Pölchow mit den wassergefüllten Tongruben und der Brennofen der Ziegelei Papendorf

uns heute ist er unbedeutend geworden, aber in energieintensiven Gewerken wie der Ziegelherstellung, der Salzsiederei in Bad Sülze oder der Glasherstellung in Glashütte bei Alt Schwerin war er eine gute Alternative zum begrenzt vorhandenen Holz. In großem Stil abgebaut wurde Torf im 19. und 20. Jahrhundert, besonders, als man ihn mit Hilfe dampfgetriebener Technik aus größeren Tiefen gewinnen konnte. Im Warnowtal sind die Torfschichten immerhin bis zu sechs und mehr Metern mächtig. Der Abtransport des Torfes war denkbar einfach. Man verlud ihn unmittelbar auf Prahme. Über kleine Stichkanäle bestand Verbindung zur Warnow, und von dort kam der Rohstoff zu den Ziegeleien, anderen Unternehmen und den privaten Kunden zwischen Bützow und Rostock.

Die Ziegelei in Wahrstorf unterhielt ein Torfmoor auf der Gemarkung Huckstorf. Ein Durchstich zur Warnow bestand zwar, aber man benötigte ihn nicht. So jedenfalls beantwortete die Firmenleitung eine Anfrage der Flussbaukommission aus dem Jahr 1921. Den Torf verwendete man allein für die Ziegelei und deshalb würden *Abladungen in Kähne zum Verkauf kaum in Frage kommen*. Ein Presstorfwerk für den Verkauf nach Rostock betrieb W. Sander in Huckstorf. Es wird von jährlich 25 bis 40 Prahmen berichtet, die über Stichkanäle zur Warnow und von dort nach Rostock gebracht würden. Die Flussbaukommission erwartete von Sander nach Aufgabe der Torfstiche die Schließung der Stichkanäle zur Warnow, damit Treidelpfade angelegt werden können. Sander musste dafür eine Bürgschaft von 4.500 Mark hinterlegen. Viele der älteren Torfstiche wurden bei der Warnowregulierung zwischen 1926 und 1928 mit Baggergut verfüllt. Zu Beginn des 20. Jahrhunderts verlor der Torf an Bedeutung. Die Braunkohle mit ihrem höheren Brennwert hatte sich endgültig durchgesetzt. Auch die Ziegeleien stellten auf Kohle um. Die kam natürlich über die Warnow.

Nördlich von Schwaan gab es auf der rechten Seite der Warnow nur eine weitere Ziegelei. Sie lag bei Groß Viegeln. Die Gutsherrschaft in Reez errichtete sie kurz vor 1817, um Baumaterial zum Ausbau des Gutes herzustellen. Weil die Besitzer aber nicht nur Grundbesitzer und Landwirte waren, sondern auch tüchtige Geschäftsleute, ließen sie die Ziegelei nicht eingehen. Sie wollten am Geschäft mit dem Rostocker Bauboom teilhaben. Ein eigens angelegter Stichkanal verband die Ziegelei mit der Warnow. Er ermöglichte einen wirtschaftlichen Weg zum Abnehmer. Von der Ziegelei, die noch in den 1920er Jahren in Betrieb war, sind nur die von der Natur zurückeroberten Tongruben und der verwachsene Stichkanal erhalten und zeugen von der einstigen Betriebsamkeit.

Reez wird erstmals 1283 in einem Rostocker Kämmereiregister genannt. Später wohnte dort ein Tiedemann Dalwitz, der seine Tochter in das Kloster zum Heiligen Kreuz einkaufte. Für die folgende Zeit werden zahlreiche Anteilsbesitzer genannt. 1608 erwarben die von Reventlow das Gut von

Die Ziegelei Wahrstorf (oben) und Torfstiche bei Gragetopshof gegenüber von Kessin

Die Reezer Kapelle an der alten Landstraße von Güstrow nach Rostock

einem von Bülow. 1684 bis 1744 saßen dort die Vietinghoffs, dann die von Flotow, ein Rittmeister von Müller und der Geheime Kammerrat von Bassewitz. 1838 kaufte Kammerherr Karl Franz Georg von Plessen das Gut. Seine Familie wohnte dort bis 1945. Die kleine, etwas abseits gelegene, aber sehenswerte Kapelle des Gutes wurde 1772 im barocken Zeitgeschmack umgebaut. An der Empore findet sich das Wappen der damaligen Gutsherren, der Familie von Flotow-Kardorff.

Das Dorf bietet einen heute selten gewordenen Anblick: ein nahezu geschlossenes Gutsensemble, das um 1835/1840 mit Verwalterhaus, Scheune und anderen Gebäuden errichtet wurde. Etwas älter ist nur die um 1820 erbaute Schmiede. Zum Gut Reez gehörten die Dörfer Groß und Klein Viegeln. Zusammen hatten sie eine Größe von 1286 Hektar. Groß Viegeln verfügt noch über den um 1825/1830 gebauten Gutshof; leider aber hat man schon vor vielen Jahren die in Mecklenburg sehr selten gewordenen Rundscheunen abgebrochen. Gegenwärtig wird der Hof als Reiterhof genutzt.

Südöstlich von Reez gibt es eine Kuppe, auf der einst eine slawische Burg gelegen haben soll. Bisher erfolgten jedoch keine genauen Untersuchungen. Die Gegend ist auch bekannt geworden, weil der bekannte Schweriner Vorgeschichtler Professor Robert Beltz (1954–1942) im Jahr 1898 mehrere slawische Bestattungsplätze in Reez, Zeez, Prisannewitz und Scharstorf ausgegraben hat.

Von Brücken und einer neuen Autobahn

Zwischen Pölchow und Papendorf überquert die A 20 die Warnow. Die Brücke ist mit 930 Metern nicht die längste, aber die älteste der großen Brücken dieser Strecke. Der Fertigstellung im Jahr 1999 gingen 30 Monate Bauzeit voraus. Die Ortbetonpfähle der Brücke reichen bis zu 19 Meter in die Tiefe. Zum Schutz des Rostocker Trinkwassers wurde die Trasse eigens mit einer Spritzschutzwand versehen, um den ungewollten Eintrag von Streusalz und anderen Schadstoffen in die Warnow zu verhindern. Obwohl man als Kraftfahrer in nur wenigen Sekunden über die Brücke hinwegbraust und allenfalls durch veränderte Fahrgeräusche und ein kleines Hinweisschild auf die Warnowbrücke aufmerksam wird, lohnt sich ein Abstecher über die schmalen Straßen zwischen Papendorf und Pölchow. Nur hier, zwischen den achteckigen, 2,50 Meter starken Pfeilern der Brücke, erschließt sie sich dem Betrachter in ihrer wahren Dimension. Ein Spaziergang ans Warnowufer zeigt, wie sehr die Brücke trotz aller Rücksichtnahme ein Fremdkörper ist in der sonst nahezu unberührten Flussaue.

Das klassizistische Gutsensemble Reez

Die mit 930 m längste Warnowbrücke überquert den Fluss im Zuge der A 20 bei Papendorf.

Die Warnowquerung ist eine von 320 Brücken und Tunneln verteilt auf 324 Kilometern Autobahn. Auf nahezu jeden Kilometer trifft man folglich auf ein Brückenbauwerk, angefangen bei den wenigen Großbauwerken bis hin zu den Tunneln für kleine Bäche und Wirtschaftswege sowie Brücken für Wildwechsel. Die eigentlichen technischen Meisterleistungen der Straßenbauer und Ingenieure jedoch sind die Querungen über die großen Flussauen. Dabei handelt es sich nicht um schwindelerregend hohe Bauwerke, wie sie sich in den Mittelgebirgen über die Täler spannen, sondern um zehn, allenfalls zwanzig Meter über dem Grund verlaufende Trassen. Eine Herausforderung war es, die sensiblen Ökosysteme der Flusstalmoore möglichst wenig zu beeinträchtigen und dennoch eine solide und leistungsfähige Straße zu schaffen. Deshalb verzichtete man auf das Aufschütten von Dämmen und überwand die Täler mit Brücken. Die Pfeiler reichen oft tiefer in den Boden als sie oben herausschauen. Allein für die 1.110 Meter lange Peenequerung zwischen Gützkow und Jarmen wurden 338 Betonpfähle gebraucht, für die 530 Meter lange Brücke über die Trebel bei Tribsees sogar gut 400. Die längste Brücke im Zuge der A 20 ist die Brücke über die Uecker in Brandenburg, sie misst genau 1182,5 Meter. Wie die Warnowbrücke ist sie zugleich der Durchlass für eine Bahnlinie und eine Straße.

Die A 20 ist zwar Mecklenburg-Vorpommerns größte und neueste Verkehrsader, aber sie folgt einer langen Tradition. Schon vor mehr als eintausend Jahren bahnte sich ein wichtiger Verkehrsweg durch damals unwegsames Land. Es war eine »via regia«, also eine Königsstraße, die in Hamburg beginnend über Ratzeburg, Dorf Mecklenburg, bei Werle oder Schwaan die Warnow querend, weiter über Laage, Dargun und Demmin zu den wichtigen Handelszentren im Odermündungsgebiet führte. Am 3. Dezember 2005 ist eine neue Dimension dieses alten Verkehrsweges wahr geworden: eine durchgängig befahrbare Autobahn von Lübeck nach Stettin. Nördlich der Autobahn folgen alle paar Kilometer weitere Brücken über die Warnow: die der Eisenbahn von Rostock nach Berlin über Laage und nach Tessin sowie nach Stralsund und schließlich der Mühlendamm und die Vorpommernbrücke in Rostock.

Unweit des Kreuzes der Autobahnen 19 und 20 liegt Kavelstorf, ein Dorf, das mit seinen zahlreichen Gewerbeansiedlungen von der Nähe der beiden Trassen profitiert. Im historischen Ortskern steht eine der ältesten Kirchen der Region, Pfarrkirche für die meisten Dörfer am rechten Ufer der Warnow zwischen Schwaan und Kessin. Das Material der Mitte des 13. Jahrhunderts erbauten Kirche ist ausschließlich Feldstein. Bemerkenswert ist der wuchtige quadratische Turm. Sie dient heute nicht nur als Gemeindekirche, sondern auch als Autobahnkirche, die einzige in Mecklenburg-Vorpommern.

Zwischen Niex und Kessin, unmittelbar südlich der Tessiner Eisenbahn, mündet die Kösterbeck in die Warnow. Unweit des kleinen Dorfes Fresendorf, am Rand des romantischen Tales der Kösterbeck, liegt der »Schlossberg«. Der Sage nach befand sich dort ein Schloss mit sieben Türmen und hohen Mauern, und wo Kessin heute liegt, habe einst die Stadt Rostock gestanden. *Der Herzog war ein böser, grausamer Kerl, aber ein tapferer Held, der viele Kriegsschiffe hatte. Alle kleinen Fürsten hatte er unter dem Joch. Doch damit war er nicht zufrieden; er fing auch Krieg an mit den Moskowitern*, erzählt die Sage weiter. Diese belagerten die Burg. Kurz bevor die Besatzung den Hungertod starb, gingen die Herzogin und die anderen Frauen ins Lager der Feinde und erreichten einen freien Abzug mit dem Besten, das sie heraustragen konnten. Dies waren die Männer. Allein der Herzog war so dick und schwer, dass seine Frau ihn nicht tragen konnte. Auf der Schlossbrücke fiel er zu Boden und wurde sogleich vom Spieß des Königs der Moskowiter durchbohrt. Alle anderen Männer wurden gerettet. Die Moskowiter plünderten sofort die Burg, aber den goldenen Tisch und das goldene Götzenbild fanden sie nicht. Beides hatte der Herzog zuvor im Brunnen versenkt.

Kavelstorf mit seiner alten Feldsteinkirche

Dem Betrachter bietet sich heute ein ovales, steilrandiges Plateau von 240 x 80 Metern Größe. Aufgrund seines Charakters als Höhenburg zählt der »Schlossberg« zu den imposantesten Bodendenkmalen des Landkreises Bad Doberan, auch wenn die historisch ungleich bedeutendere Burg Werle südlich von Schwaan an der Warnow etwas größer ist. Der »Schlossberg« trug einst eine slawische Burg. Aufgrund von Beackerung in vergangenen Zeiten und damit verbundener Bodenerosion hat sich das Bild der Anlage erheblich verändert. Der für slawische Burgen typische Ringwall, Rest einer Mauer aus Holz, Erde und Grassoden, ist obertägig nicht mehr sichtbar. Bisher fand bis auf eine kleine Sondierung vor gut fünf Jahrzehnten keine Ausgrabung statt, so dass wir über das einstige Aussehen der Burg nichts wissen.

Belegt werden konnte aber, dass die Burg die Hauptburg des slawischen Stammes der Kessiner war. Neben einem Ortband für eine Schwertscheide, das aus der Werkstatt eines Wikingers stammt, wurde auch der Rest einer bronzenen Klappwaage gefunden. Waagen dieser Art dienten den Kaufleuten als Edelmetallwaage. Es gab zwar schon Münzen, aber nur Gewicht und Qualität des Silbers zählte. Als wichtigstes Fundmaterial liegen Keramikscherben vor, sie sind oft die einzige Hilfe zur zeitlichen Einordnung eines Bodendenkmals. Der Burgwall wurde demnach etwa in der Mitte des 9. Jahrhunderts angelegt und bestand bis um die Jahrtausendwende. Nicht an der Warnow befand sich die Burg, wo man bequem mit Schiffen hätte anlanden können, sondern zurückgezogen in einem damals sicher schwer zugänglichen Seitental. So war sie vor Überfällen der Wikinger, die im 9. Jahrhundert besonders aktiv waren, wesentlich besser geschützt. Die Sage könnte also einen wahren Kern haben, besonders, wenn man bei den Belagerern nicht an Moskowiter, sondern an Skandinavier denkt.

Im 11. Jahrhundert übernahm der Burgwall an der Petribleiche bei Rostock die Funktionen des Fresendorfer Walles. Hier konnten Herrschaft, Handel und Handwerk an einem Platz gedeihen, und so wurden die Grundlagen der Stadt Rostock gelegt.

Das bewegte Gelände im Kösterbecktal

Die Warnow vor 8000 Jahren

Die mehrere Meter mächtigen Torfschichten an der Warnow sind das Ergebnis der nacheiszeitlichen Landschaftsentwicklung. Allein das Wissen, dass Torf nur an der Gewässeroberfläche oder wenig darüber entsteht, deutet an, dass die Warnow einst viel tiefer geflossen sein muss. In der Tat liegt das älteste Flussbett der Warnow zwischen Huckstorf und Gragetopshof um die 8 bis 10 Meter unter dem heutigen Wasserspiegel. Unter der Schleuse am Rostocker Mühlendamm liegen 10 Meter Torf. Im Bereich der Eisenbahnbrücke der Strecke nach Stralsund sind es gar 14 Meter. Beim Bau der Benitzer Brücke hat man das Flussbett der Warnow aus nur einem Grund verlegt: Das Moor war an dieser Stelle nur um die 6 Meter tief. Damit wurde es deutlich einfacher, der Brücke ein festes Fundament zu geben.

Damals, vor 9.000 Jahren, als die Gletscher Mecklenburg längst verlassen hatten, herrschte ein verhältnismäßig trockenes Klima. Die Warnow war eher ein schmales Rinnsal, das sich mühsam seinen Weg durch dichtes Röhricht bahnte. Bei Gragetopshof begann damals die seeartige Erweiterung der Unterwarnow, wie sie heute erst unterhalb des Mühlendammes erscheint.

Das umliegende Grundmoränengelände befindet sich heute 25 bis 30 Meter über dem Wasserspiegel der Warnow. Der Fluss hat sich also nach der Eiszeit bis zu 40 Meter tief in den mecklenburgischen Boden gefressen! Dieses Wissen konnte Eugen Geinitz, der Nestor der geologischen Forschung in Mecklenburg, nutzen, um die Mär von einem alten Warnowarm zu widerlegen, der einst dort gewesen sein solle, wo heute die Grubenstraße ist. Der eiszeitliche Grund der Grube liegt im nördlichen Teil drei Meter unter dem heutigen Meeresspiegel, in der Mitte nur noch gut einen Meter. Ein Seitenarm der Warnow wurde die Grube erst, als man den nördlichen Teil der Grube vertiefte und einen künstlichen Wasserlauf schuf, der die Vierradermühle antrieb. Es war die einzige Mühle der Stadt Rostock innerhalb der Stadtmauern, folglich die einzige, die im Belagerungsfall arbeiten konnte!

In den folgenden Jahrtausenden stieg der Meeresspiegel der Ostsee dramatisch an. Wasser der Ostsee drang bis weit ins Binnenland vor und ließ die Warnow brackig werden. Möglicherweise über 56 Kilometer weit, bis Eickhof, bildete die Warnow ein bis zu 2 Kilometer breites Gewässer wie man es heute noch in der Kieler Förde findet. Wahrscheinlich befanden sich in diesem lang gestreckten See zahlreiche Sandinseln, ehemalige Binnendünen, die heute kaum noch sichtbar unter dünnen Torfschichten verborgen liegen. Die Dünen waren beliebte Aufenthaltsorte steinzeitlicher Jäger und Sammler, die in den fischreichen Gewässern ein gutes Auskommen fanden. Die Verlandung dieses Gewässers ging jedoch schnell voran. Röhricht, Seggen, Binsen und später Bruchwald ließen nur den 30 Meter breiten Flusslauf übrig. Offen blieb allein das 12 Kilometer lange Stück, das wir heute »Unterwarnow« nennen. Für eine zweite Vernässung des Warnowtales sorgte erst der Mensch, als er in Rostock mit dem Damm das Wasser der Warnow um einen halben Meter aufstaute, um Mühlen zu betreiben.

Slawischer Burgwall im Kösterbecktal bei Fresendorf

Die letzten vier Kilometer bis Rostock

An der Kösterbeck, der südlichen Grenze des Dorfes Kessin, stand einst eine Wassermühle. Kessin ist ein kleines Dorf, vier Kilometer von Rostock entfernt an der Bundesstraße 103, jedoch durch die nahe vorbeiziehende Autobahn weitgehend entlastet vom Straßenverkehr. In Sichtweite von Rostock gelegen, hat Kessin in den letzten Jahren zahlreiche Neubürger bekommen. Mehrere Wohngebiete umschließen das historische Dorf, das sich beiderseits der Straße an den Fuß des Warnowtalhanges anschmiegt. So geht es von Kessin aus in allen Richtungen bergauf.

Mitten im Dorf steht die gotische Kirche. Während der Chor in der Mitte des 13. Jahrhunderts gebaut wurde, kamen das Langhaus erst im 14. Jahrhundert und der Turm gar erst im 19. Jahrhundert hinzu. Neben der Kirche befindet sich der denkmalgeschützte Pfarrhof. Er wurde 1996 von der Kirchgemeinde verkauft und seitdem aufwändig saniert. Die Scheune von 1745 wurde 1999 ausgebaut. Das nicht wesentlich jüngere Torhaus, heute eine Rarität im ländlichen Raum Mecklenburgs, erfuhr im Jahr 2006 eine umfassende Sanierung.

Die älteren Rostocker werden sich sicher noch gern an ihn erinnern: »Brandts Kaffeegarten«. Samstags und Sonntag war Tanz, besonders beliebt die Sommertanzfläche unter den schattigen Bäumen im Garten an der Warnow.

Stündlich fuhren die Ausflugsdampfer von Rostock nach Kessin, brachten die vielen Gäste bis zum Anleger direkt am Kaffeegarten. Kessins Gastwirtschaften waren bekannt für rauschende Feste und romantische Abende. »Brandts Kaffeegarten« wie auch das Tanzlokal im Landgasthof »Zur Eiche« gehörten zu den beliebtesten Treffpunkten der Menschen aus Rostock und Umgebung. Mitte der 1950er Jahre schloss der Kaffeegarten für immer seine Pforten.

Südlich von Kessin quert die Eisenbahn von Rostock nach Tessin die Warnow (links) und »Brandt's Kaffeegarten« in Kessin, Anleger und Lokal

Guderak, Godehardsdorf und Kessin

Guderak, Godehardsdorf, Kessin – das Dorf Kessin hatte viele Namen. In den nordischen Quellen hieß die Warnow *Guderaksaa*, wobei das »aa« noch heute fast unverändert in den skandinavischen Sprachen vorkommt und soviel wie *Fluss* bedeutet; im Deutschen wurde daraus der Begriff *Aue*. Das war also der Fluss des Guderak. Wer nun dieser Guderak oder Goderack war, berichtet uns der Lübecker Chronist Arnold, der die Ereignisse seiner Zeit akribisch notierte und dabei Folgendes zu Pergament brachte: *Bischof Berno, den Herzog Heinrich eingesetzt hatte, war zu unserer Zeit der erste rechtgläubige Lehrer, den sie erhielten. Er ertrug Schläge und Backenstreiche von ihnen, ja er wurde häufig unter Verhöhnungen gezwungen, den Götzenopfern beizuwohnen. Aber durch Christum gestärkt, vertilgte er den Götzendienst, fällte die Haine, und machte die Einrichtung, dass sie statt des Gutdrak den Bischof Godehard verehrten. So waren denn die Gläubigen voll Zuversicht, dass er seinen Wettlauf wohl zum Ziele geführt habe.*

Jener Bischof Berno war der erste Schweriner Bischof, der in seiner gut 30-jährigen Amtszeit bis 1190 die Grundlagen der mecklenburgischen Kirche schuf.

Bei Kessin in der Nähe von Rostock soll früher eine große Stadt gestanden haben, in der Könige wohnten. Der letzte König wurde in einem goldenen Sarge begraben und in die Warnow gesenkt. Man zeigt noch heute die Stelle; auch haben verschiedene Leute danach geforscht, Niemand aber hat ihn gefunden. So berichtet die Sage. Der mecklenburgische Universalforscher Friedrich Lisch schrieb im Jahre 1856: *Diese drei großen Plateaus bildeten ohne Zweifel die wendische Burg Kessin. Diese hat ihrer Anlage nach die größte Aehnlichkeit mit den wendischen Burgen Werle und Rostock, welche ebenfalls, an der Warnow belegen, aus drei Theilen bestehen, am meisten Aehnlichkeit aber mit der Burg Rostock, welche mit Kessin an Ausdehnung und Höhe gleich ist, d. h. in großen Ausdehnungen sich nur einige Fuß hoch über die Wiesenflächen erhebt.* Neue Forschungen haben ergeben, dass es trotz jahrhundertealter mündlicher Überlieferung und bisheriger einhelliger Meinung der Forschung in der Umgebung von Kessin, an der Mündung der Kösterbeck in die Warnow, keinen slawischen Burgwall gegeben hat. Der dortige *Schlossberg* auf den flachen Dünen südlich der Tessiner Eisenbahn, wo die Kösterbeck in die Warnow mündet, geht auf einen Rittersitz des 14. oder 15. Jahrhunderts zurück. Hier haben die Sandmassen, welche die Kösterbeck über Jahrtausende von ihrem Lauf von den Wolfsberger Seewiesen bis zur Warnow mitbrachte, eine feste, heute ein bis zwei Meter über der Warnow gelegene Landzunge im Warnowtal geschaffen. Sie schnürte die moorige Talaue der Warnow auf 200 Meter zusammen. Die Kösterbeck hat sich dabei 20 bis 25 Meter tief in das Gelände eingegraben. Der Platz zwischen der fischreichen Warnow und der Kösterbeck bietet so natürlichen Schutz und eine gute Nähe zu einer schier unerschöpflichen Nahrungsquelle. Seit der mittleren Steinzeit wurde der Platz immer wieder aufgesucht. Die Menschen der jüngeren Steinzeit errichteten dort sogar einen dreifachen Ring aus kleinen Gräben. Später

Pfarrhof und die dem Heiligen Godehard geweihte Kirche in Kessin

nutzten die Germanen das Terrain. Und der mittelalterliche Ritter musste nur noch einen der drei steinzeitlichen Gräben vertiefen und kam so zu seinem Befestigungsgraben. Wo der Tempel des Götzen Guderak oder Gutdrak stand, wissen wir nicht genau, aber es war wohl in der Gegend um Kessin. Die Kirche in Kessin nämlich war dem Heiligen Bischof Godehard geweiht, wie aus einem 1270 verfassten Rostocker Testament hervorgeht. Und das Godehardsdorf, welches zu Beginn des 13. Jahrhunderts kurz in den Urkunden auftaucht, war keineswegs Goorstorf, wie Friedrich Lisch seinerzeit vermutete, sondern Kessin. In der frühgotischen Kirche wird eine in den Wirren des letzten Krieges arg beschädigte Holzplastik verwahrt, die vermutlich den Heiligen Godehard darstellt. Sie zeigt einen sitzenden Bischof mit Krummstab und Kirchenmodell.

Kessin an der Warnow

Zurück im heutigen Kessin

Heute ist Kessin modern und sportlich. Schon um 1900 waren Ruderer auf der Warnow unterwegs und legten bei Brandt eine Erholungspause ein. 1962 begannen die Bauarbeiten für die Basis der Sektion Rudern des Ende 1956 gegründeten Armeesportclubs »Vorwärts Rostock« wenig unterhalb des früheren Kaffeegartens. Die strömungsarme Warnow bietet den Sportlern ausgezeichnete Trainingsbedingungen. Zahlreiche Titel von Welt- und Europameisterschaften brachten sie in all den Jahren mit nach Hause. Die Trainingsbedingungen verbesserten sich zusehends, denn mit dem Erfolg kamen auch die Fördermittel. 1975 konnte man mit dem Training von Kindern beginnen, 1984 gab es einen Kraftraum und ein neues Ruderbecken.

Seit 1990 nennt man sich »Olympischer Ruder-Club Rostock von 1956 e.V.« Bei den Olympischen Spielen in Barcelona 1992 erkämpften die Rostocker Ruderer Bronze für den Achter und einen hervorragenden vierten Platz für den Zweier mit Steuermann. Im gleichen Jahr übergab die Bundeswehr das Gelände der Gemeinde Kessin, die wiederum mit dem Ruderclub einen Erbbaurechtsvertrag abschloss. Ausgestattet mit dieser zusätzlichen Sicherheit konnte 1995 ein kompletter Umbau mit großzügiger Unterstützung des Landes und des Bundes erfolgen. Seitdem entfaltet der Olympische Ruder-Club Rostock neue Kräfte für den Leistungs- und auch den Breitensport. Der Verein zählt derzeit mehr als 400 Mitglieder.

Im Jahr 2009 knüpfte Stefan Krüger mit seinem Berliner Partner Eric Knittel an alte Erfolge des Olympischen Ruderclubs an und holte auf der Weltmeisterschaft in Poznan Gold im Doppelzweier.

Bei Gragetopshof am anderen Ufer der Warnow gegenüber Kessin gibt es einige große Torfstiche. In den 1860er Jahren wurden jährlich bis zu fünf Millionen Soden (25.000 Kubikmeter) gestochen. 1907 übernahm der Gutspächter von Gragetopshof die Torfstiche für eine Jahrespacht von 200 Mark. Dieser Vertrag lief bis 1920, aber die Torfgewinnung ging weiter. Mit Hilfe von Maschinen konnte der Torf auch in größeren Tiefen gestochen werden. Der Torfabbau dauerte bis 1969.

Trinkwasser für Rostock

Unterhalb von Kessin traf man einst auf ein wichtiges Rostocker Industriegebiet, von dem heute kaum noch Spuren vorhanden sind. Zum einen stand hier die Ziegelei der Rostocker Marienkirche, die vom Mittelalter bis ins 19. Jahrhundert hinein den über die Warnow aus Schwaan mit Schuten herangebrachten Ton verarbeitete. Zum anderen nahm dort 1884 die »Rostocker Actien-Zuckerfabrik« ihren Betrieb auf. Sie kochte Zucker aus den Rüben, die voll beladene Kähne im eigenen Warnowhafen anlandeten. In Spitzenzeiten wurden bis zu 50.000 Tonnen Rüben verarbeitet.

Noch vor dem Rostocker Mühlendamm erreicht man die Stelle der Warnow, die für die Stadt ebenso lebenswichtig ist wie der Hafen. Hier wird das Trinkwasser entnommen. Auf über 3.200 Quadratkilometer, das sind 14 Prozent der Fläche des Landes Mecklenburg-Vorpommern, sammelt die Warnow mit ihren fast 300 großen und kleinen Zuflüssen das Regenwasser und auch das zu Tage tretende Grundwasser. Insgesamt gehören zum Warnoweinzugsgebiet 1.067 Kilometer Fließgewässer und 374 Seen, die größer als ein Hektar sind. 29 von ihnen sind größer als 100 Hektar.

In den ersten Jahrhunderten nach der Stadtgründung holten die Rostocker ihr Wasser aus Brunnen, die bis zu 15 Meter tief in den schweren Geschiebemergel gegraben wurden. An vielen Stellen der Stadt haben Archäologen Brunnen und Zisternen ausgegraben. Sie alle sammelten lediglich Oberflächen- und Schichtenwasser, das in einer Großstadt wie Rostock schnell verseucht war und immer wieder Auslöser für schlimme Seuchen wurde. Daneben gab es in Rostock den Beruf des Wasserträgers, der Wasser aus der Warnow oder von öffentlichen Brunnen in die Häuser brachte. Gewerke mit hohem Wasserverbrauch wie die Gerber saßen unmittelbar am Fluss und haben die Wasserqualität erheblich beeinträchtigt.

Blick von Süden auf Rostock, im Vordergrund die Stralsunder Eisenbahn

Die Bierbrauer waren die ersten, die 1448 anregten, sauberes Wasser aus Teichen südlich der Stadt über Leitungen in die Stadt zu bringen. Sie gründeten die Mittelstädtische Borngesellschaft, später kamen die Alt- und die Neustädtische Borngesellschaft hinzu. Erst 1820 zwangen Rat und Bürgerschaft die Borngesellschaften, ihr Wasser öffentlich nutzbar zu machen. 1820 und 1844 entstanden die ersten beiden Freileiten, die dritte für die Altstadt wurde nicht vollendet. Denkmal für die älteste Wasserversorgung ist der »Altstädter Born« neben der Nikolaikirche. Das rasante Wachsen der Stadt Rostock im 19. Jahrhundert erforderte schnelle andere Lösungen. 1862 lagen die ersten Planungen für ein Wasserwerk vor, entworfen vom Wasserbaumeister Kümmel. Am 22. Mai 1865 beschloss die Rostocker Bürgerschaft den Bau. Zwei Jahre später, am 7. Juni, nahm das erste Wasserwerk seine Arbeit auf. Der Entschluss zum Bau kam nicht zufällig: Im Jahr 1859 waren fast 500 Rostocker innerhalb von drei Monaten an der Cholera verstorben.

Das erste Wasserwerk befand sich auf dem Gelände des späteren Gaswerkes in der Bleicherstraße. 25 Kilometer Rohrnetz lagen bereits im Boden und schnell folgten weitere. Das Ende der Borngesellschaften war gekommen. Über drei Filterbecken wurde das Wasser aus der Warnow entnommen. Zwei Dampfpumpen beförderten das Trinkwasser in den Wasserturm mit seinem 1.083 Kubikmeter fassenden Behälter, der damals auf der Heubastion in den Wallanlagen stand. 36.000 Einwohner konnte das Werk versorgen, wenn jeder nicht mehr als 140 Liter Wasser am Tag verbrauchte. So sollte es nicht lange dauern, bis das Wasserwerk an die Grenzen seiner Leistungsfähigkeit kam. 1881 lebten bereits 39.000 Menschen in der

Tiefer Trinkwasserbrunnen in der Rostocker Altstadt und der Altstädter Born, Teil der alten Wasserversorgung in der Stadt, um 1910

Stadt. 1890 endlich fiel der Startschuss für den Bau des zweiten Wasserwerkes an heutiger Stelle. 1894 versorgte es die Rostocker über 50 Kilometer Leitungsnetz, ausgelegt war es für rund 80.000 Einwohner. Bauleiter war der bekannte Hafenbaudirektor Karl Friedrich Kerner (1847–1920).

Pro Tag verbrauchte das Wasserwerk für die Förderung und Verteilung des Wassers rund sechs Tonnen Koks. 1903 nahm der neue Wasserturm an der Blücherstraße seinen Dienst auf. Er wurde bis 1956 genutzt und sorgte für den nötigen Druck in den Leitungen. Heute steht er unter Denkmalschutz.

Eine nicht minder wichtige Aufgabe ist die Entsorgung des Abwassers. Trotzdem beschloss der Rat erst 1911 den Bau einer zentralen Entwässerung. Das Rohrleitungsnetz wuchs rasant. 1927 waren es 111 Kilometer, 1938 schon 214 Kilometer. Neue Filterbecken und neue Filtertechnik wurden eingebaut, um die seit 1930 über 100.000 Einwohner zählende Stadt weiter zuverlässig zu versorgen.

In den 1950er Jahren wurden der Stichkanal zur Warnow vertieft, das Entnahmebecken vergrößert und ein neues Pumpwerk gebaut. Das Leitungsnetz erreichte nun eine Länge von 260 Kilometer. 1966 drückte das Wasserwerk täglich 64.000 Kubikmeter Wasser in die Leitungen, und man hatte sich das Ziel gesetzt, bis 1968 sogar 90.000 zu befördern. Wasserwerk und Versorgungsnetz mussten mit der Stadt wachsen, deren Bedeutung als Bezirksstadt, Werftstandort und Seehafen zunahm. 1989 lagen 580 Kilometer Rohrleitung im Boden der Hansestadt. Bis 1983 wollte man eine Kapazität von täglich 200.000 Kubikmetern erreichen.

Seit Mitte der 1960er Jahre verursachte die zunehmende Industrialisierung der Landwirtschaft eine beunruhigende Verschmut-

Der Rostocker Wasserturm von 1903, und der Stichgraben von der Warnow zur Ertnahmestelle für das Wasserwerk

zung der Gewässer. *Deshalb muß im Wasserwerk der Chlorhahn aufgedreht werden, um die Organismen abzutöten. Es ergibt sich eine Verschlechterung der Qualitätsmerkmale (Geschmack, Geruch, Färbung und Trübung). Die hygienischen Forderungen werden voll erfüllt, aber das Wasser schmeckt nicht gut,* heißt es in einem Zeitungsbericht von 1971. Viele Rostocker werden sich noch daran erinnern, was dies für sie täglich bedeutete.

Die immer geringere Qualität des Wassers führte in den 1960er Jahren auch zur Suche nach Alternativen, jedenfalls auf dem Papier. Man erkundete Lagerstätten von Grundwasser im Goldberger Raum, überprüfte den Bau von Fernleitungen vom Kummerower See, aus der Gegend um Hohen Wangelin, Malchow, Basedow, Torgelow und Krakow am See sowie den Bau eines zweiten Wasserwerks. In der Halle 14 der Schutower Messe wurde 1969 ein besonders verwegenes Projekt mit *Skizzen, Dokumentationen und Lichteffekten* präsentiert, wie die »Ostseezeitung« am 17. Juli jenes Jahres berichtete. Angesichts eines täglichen Wasserverbrauchs von bis zu 90.000 Kubikmetern, der sich nach den damaligen Schätzungen bis zum Jahr 2000 verdoppeln würde, ging es um die Erschließung weiterer Trinkwasserreserven für die Stadt Rostock. Der Plan sah unter anderem vor, durch Wehre den Barniner und Krakower See anzustauen und das Wasser nur in Zeiten hohen Bedarfs freizugeben. Der eigentliche Clou war das von den Ingenieuren Schlinker, Goertz und Linder entwickelte Vorhaben. In einem natürlichen Tal bei Rubow (nordwestlich von Brüel gelegen) sollte mit einer 400 Meter langen Sperrmauer ein 10 Millionen Kubikmeter fassender Stausee entstehen, den man mit Wasser aus dem keine fünf Kilometer entfernten Schweriner See speisen wollte. Das Wasser hätte dann über den Dämelower Bach in die Warnow fließen und so auf natürlichem Wege nach Rostock gelangen können. Die Auswirkungen all dieser Überlegungen auf die Natur, besonders auf den Grundwasserhaushalt, die möglicherweise zum Leerlaufen ganzer Seen geführt hätte, standen dabei nicht zur Debatte.

Das 1969 in der DDR beschlossene Landeskulturgesetz sollte zur Grundlage werden, eine Sanierung der Warnow durchzuführen. Dazu gehörte als erstes die »Schutzzonenordnung«. In der Fassungszone in unmittelbarer Nähe des Wasserwerks, also von der Eisenbahnbrücke bei Niex bis 100 Meter hinter der Entnahmestelle, waren Baden, Angeln, Halten von Wassergeflügel und natürlich das Abladen von Müll streng verboten. In der »engeren Schutzzone«, also der Warnow von der Bützower Schleuse bis zum Rostocker Mühlendamm und der

Der inselreiche Krakower Obersee von Süden

Nebel samt ihren Zuflüssen, war eine Wiesennutzung nur bis fünf Meter vor dem Ufer erlaubt, landwirtschaftliche Düngung genau spezifiziert und die Intensivhaltung von Geflügel verboten. In der »erweiterten Schutzzone«, dem gesamten Warnoweinzugsgebiet, sollte es spezielle Regelungen geben, um Verschmutzungen zu vermeiden. Zugleich werden Erfolge gemeldet:

Die Schweinemästerei in Dierkow würde die Gülle nicht mehr einfach versickern lassen, sondern mit einem Spezialfahrzeug auf die Felder bringen. Zudem wurden in der Umgebung von Rostock Folienteiche für Jauche und ähnliche Anlagen gebaut.

Im gleichen Jahr vermerkte die Polizei auf der Oberwarnow zahlreiche Gesetzesverstöße. Alkohol am Ruder, Geschwindigkeitsübertretungen, Verschmutzungen und Ölverlust wurden ebenso wie illegales Anlegen von Paddlern und Ruderern an der Trinkwasserentnahmestelle immer wieder registriert. Selbst kühne Sprünge von der Stralsunder Eisenbahnbrücke oder Angeln im nicht ungefährlichen Schleusenbereich gehörten zu den zahlreichen Delikten.

Rostock hatte im Jahr 1971 rund 750 Bootsinhaber, die jedoch nicht auf der Ostsee, sondern nur auf den stadtnahen Binnengewässern fahren durften.

Wie weit die Bemühungen um gutes Wasser für Rostock wirklich zu einem Ergebnis geführt hatten, zeigt eine weitere Zeitungsmeldung vom 23. Februar 1985. Abgeordnete der Bezirke Rostock und Schwerin trafen sich zu einem Erfahrungsaustausch *für eine weitere qualitätsvolle Trinkwasserversorgung in Rostock*. Und man berichtete stolz, dass man im Kreis Bützow etliche Dunglegen, Jauchezisternen und auch Siloraum geschaffen habe und 1985 damit weiter machen wollte. Müllkippen und Kläranlagen wurden als *perspektivische Maßnahmen* bezeichnet. Und das 14 Jahre, nachdem man auf einem *guten Weg* war, kaum 30 Kilometer von Rostock entfernt und unmittelbar an der Warnow! Offenbar war bei den Funktionären jenseits der damaligen Bezirksgrenze noch nicht angekommen, wie wichtig die Warnow für Rostock war und ist. Das zur selben Zeit auf der Warnow erlassene Motorbootverbot war da eine richtige, aber im Verhältnis zu den anderen Problemen nur unwesentliche Maßnahme. Noch 1992 landete nicht einmal die Hälfte der Abwässer in biologischen Kläranlagen, der Rest wurde – wenn überhaupt – über Kleinkläranlagen entsorgt.

Nach 1989 begann man mit den längst überfälligen Investitionen in die Qualität des Wassers. Seit 1992 arbeitet eine automatische Messstation am Stichkanal, um die Beschaffenheit des Warnowwassers kontinuierlich zu beobachten. Im Juni 1992

Auf der Oberwarnow bei Rostock

folgte die Inbetriebnahme der neuen Chlor- und Chloroxidanlage. Im März 1993 kam eine neue Grobaufbereitungsanlage hinzu. Ein Jahr später begannen der Bau einer 8,7 Millionen Euro teuren Ozonanlage sowie einer Filterspülwasser- und Schlammwasseraufbereitungsanlage, die 1995 ihre Arbeit aufnahmen. Die Ozonanlage ermöglichte einen 80 Prozent geringeren Chloreinsatz.

Ende November 1992 vergab die Rostocker Bürgerschaft die Betreiberkonzession über die wassertechnischen Anlagen an die »Eurawasser Nord« GmbH Rostock. Sie übernahm am 1. April 1993 die Trinkwasserver- sowie die Abwasserentsorgung in der Hansestadt Rostock und umliegender Gemeinden. Einen Monat später konnte die Grundsteinlegung für die »Zentrale Kläranlage Rostock« gefeiert werden.

Weniger erfreulich fanden sie Rostocker die Anpassung des Betreibervertrages zwischen dem »Warnow-Wasser- und Abwasserverband« und »Eurawasser« im Januar 1995, denn Trink- und Abwasser wurden von nun an teuerer. Am 2. November gab es wieder etwas zu feiern: Die Inbetriebnahme der biologischen Reinigungsstufe in der zentralen Kläranlage Rostock. Einen sechsstelligen Millionenbetrag investierte man seit 1992 in sauberes Wasser.

Bootshäuser an der Oberwarnow, rechts das alte Gaswerk

Heute verwaltet »Eurawasser« das Oberflächenwasserwerk in Rostock und 13 weitere in fast zwanzig Gemeinden des Landkreises Bad Doberan. Über rund 1.000 Kilometer Trinkwasserleitungen aus Kunststoff, Stahl, Grauguss und Zement bringen das Wasser zum Verbraucher. Trinkwasserspeicher gibt es in Biestow (10.000 Kubikmeter) und in Niederhagen (ca. 5.000 Kubikmeter). Die Qualität des Wassers wird ständig überwacht. Neben Eigenkontrollen des Wasserversorgers ist auch das Gesundheitsamt regelmäßig vor Ort. Das Abwasser gelangt über 1.000 Kilometer Rohrleitungen in die zentrale Kläranlage in Rostock und zu zwölf kleineren im ländlichen Umland.

Da nach allen Berechnungen das Wasser der Warnow langfristig für die Versorgung der Stadt Rostock ausreichen würde, müsse man von allen Planungen einer Fernversorgung der Stadt mit unberechenbaren Konsequenzen für Natur und Landschaft Abstand nehmen, forderte »Greenpeace« unlängst in einer Studie zur Wassersituation entlang der Warnow. *Dazu muß das gesamte Einzugsgebiet der Warnow saniert werden, um die Auswaschung von Natur- und Schadstoffen in den Fluss zu stoppen. Dies bedeutet vor allem eine wasserschonende Landwirtschaft mit extensiver Bewirtschaftung (z. B. Weidewirtschaft) aufzunehmen, die zudem mehr Arbeitsplätze biete als die agrar-industrielle Produktion.* Dieses Ziel hat man in Angriff genommen, aber trotz aller bisher erreichten Ergebnisse ist man vom Wunschziel weit entfernt. In einem Bericht des StAUN hieß es dazu: *Trotz des Baues zahlreicher Kläranlagen hat die Wasserqualität der Warnow noch nicht den gewünschten Zustand erreicht, auch wenn sich die Gesamtbelastung seit 1990 merklich verringert hat. Allein die 1996 fertig gestellte Kläranlage in Rostock erspart der Ostsee 174 Tonnen Phosphor jährlich. Nach wie vor aber werden an vielen Messstellen zu hohe Werte von Nitraten, Ammonium und Phosphat gemessen. Hauptgrund für den Nährstoffeintrag ist die Landwirtschaft; 44 % des Warnoweinzugsgebietes sind Ackerflächen. Als Nährstofffänger fungieren die Seen, halten damit aber gut 71 % die Phosphor- und Stickstoffeinträge zugunsten der Ostsee zurück. Von den 44 größten sind nur fünf mäßig mit Nährstoffen versorgt, die anderen sind mehr oder weniger stark belastet.*

Eine Schleuse und viele Mühlen

Für die Wasserversorgung Rostocks besitzt der Mühlendamm eine wichtige Funktion. Er soll bei Hochwasser der Ostsee das Hineinströmen von Brackwasser aus der Unterwarnow in die Trinkwasserentnahmestelle verhindern. So dient er dem Hochwasserschutz des gesamten Warnowtals. Seine eigentliche Funktion aber hat der Damm unlängst verloren. Einst sollte er das Wasser der Warnow aufstauen, um den Betrieb von Wassermühlen zu ermöglichen. Mühlen als Produktionsstätten von Mehl waren ein unentbehrlicher Bestandteil eines städtischen Gemeinwesens.

Wasserkraft war der wichtigste Energielieferant im Mittelalter. Die Nutzung von Wind kam in Mecklenburg erst um 1300 zögerlich auf. Wann die Mühlen erbaut wurden, ist nicht überliefert. Man kann sich aber vorstellen, dass die ersten in der Gründungsphase der Stadt entstanden. Erst relativ spät, das erste Mal ist im Jahr 1262, ist von Mühlen außerhalb der Stadt die Rede, 1266 gab es die Mühlenstraße und 1268 das Mühlentor.

Der Mühlendamm ist eine technische Meisterleistung des 13. Jahrhunderts, eine Leistung, die kaum gewürdigt wird. Denn es war ein Damm zu bauen, der mehrere hundert Meter lang ist und dem Frühjahrshochwasser von der einen und Sturmfluten von der anderen Seite Stand hält. Und man schüttete ihn nicht einfach quer durch das Tal, sondern entlang eines Warnowmäanders. So wurde der Damm zwar etwas länger, aber die Wasserbauer des 13. Jahrhunderts konnten dadurch viele Mühlen nebeneinander platzieren, ohne auch noch einzelne Zuflüsse graben zu müssen. Um die zehn Mühlen gab es am Mühlendamm, der eine Stauhöhe von ungefähr einem Meter erreicht haben dürfte. Zumindest bis Bützow spürten die Anwohner die Auswirkungen des Mühlenbaues, denn das ganze Warnowtal hätte ganzjährig geflutet oder wenigstens extrem vernässt gewesen sein können! Dies

Der Mühlendamm staute einst die Warnow für den Mühlenbetrieb, heute schützt er vor Brackwassereinbruch

nahm man jedoch in Kauf. Der natürliche Wasserstand der Oberwarnow dürfte wegen der Schwankungen des Pegels der Ostsee und des jahreszeitlich bedingten Wechsels der Zuflussmengen ohnehin sehr variabel gewesen sein.
Die Kapazitäten der Warnowmühlen reichten für die wachsende Stadt Rostock nicht aus. So gab es weitere sechs Mühlen an drei Bächen vor dem Kröpeliner Tor, die seit etwa 1280 häufig genannt werden. Windmühlen kamen in Rostock vermutlich erst in der Mitte des 14. Jahrhunderts hinzu. 1831 nennen die Statistiken auf dem Mühlendamm fünf Wasser-, fünf Walk- und zwei Lohmühlen, vor dem Kröpeliner Tor vier Wassermühlen, eine Wind-, zwei Stampf- und eine Lohmühle. Waren die Windmühlen anfangs einfache Bockwindmühlen, kamen im 19. Jahrhundert vermehrt Holländerwindmühlen auf. Allmählich stellten die Wassermühlen ihren Betrieb ein, die letzte Kornmühle am Mühlendamm musste seit April 1916 auf Wasserkraft verzichten, als die Oberwarnow abgesenkt wurde. Windmühlen arbeiteten noch in den 1920er Jahren, aber mit Dampf oder elektrischem Strom angetriebene Mühlen hatten das Geschäft unlängst übernommen. 1953 gab es am Mühlendamm nur noch eine Motormühle, und den älteren Rostockern mag vielleicht noch die Conradische Windmühle an der Schwaaner Landstraße bekannt sein. Während am Mühlendamm noch einzelne Gebäude an den Mühenbetrieb erinnern, sind die Mühlen vor dem Kröpeliner Tor heute

Der Mühlendamm im 16. Jahrhundert nach der Vicke-Schorler-Rolle, rechts die Marien-Ziegelei, links die Mühlen

spurlos aus dem Stadtbild verschwunden. Das große, 1857 erbaute Mühlengebäude am Mühlendamm wurde erst jüngst zu einer Anlage mit 17 geräumigen Wohnungen ausgebaut.

Mit allen genannten Mühlen war sich ein gravierendes Problem verbunden: Sie lagen außerhalb der Stadtmauern und waren im Belagerungsfall nutzlos. Die einzige Lösung war der Bau einer Mühle innerhalb der Altstadt. Doch wohin? Für Rostock bot sich eine geniale, aber nicht ohne Aufwand zu realisierende Möglichkeit an: die Grube. Dabei handelte es sich nicht um einen alten Warnowarm, wie allgemein angenommen wird. Im südlichen Teil der Grubenstraße reicht der Geschiebemergel bis über Meeresspiegelniveau hinaus. Hier floss kein Warnowwasser, es gab lediglich eine Senke, die in ihrem nördlichen Teil vermoort war. Man musste also von der Warnow oberhalb des Mühlendammes einen Kanal bauen und durch die Grube führen. Wann das passierte, wissen wir nicht genau. Rostocks schriftliche Quellen beginnen erst in den 1250er Jahren reichlicher zu fließen. Aber da gibt es bereits die Brücken über die Grube, und auch die Wassermühle in der Grubenstraße wird bald genannt. Es war anfangs die größte Mühle der Stadt mit vier Mahlgängen, die auch »Grinden« genannt wurden. Deshalb nannte man sie die »Viergrinden-« und später »Viergelindenmühle«. Groß musste sie sein, denn wenn der Feind vor den Toren Rostocks stand, hing alles von ihr ab. Heute erinnert nur noch der Name »Viergelindenbrücke« an die Mühle am südlichen Ende der Grubenstraße. Die Mühlen am Mühlendamm hatten durchweg nur einen Mahlgang, die erste Mühle mit vier Rädern wird erst 1396 genannt.

Dem Bau der Hafenbahn musste die Grube weichen. Sie wurde überwölbt und läuft noch heute unter der Grubenstraße entlang. Bis dahin diente die Grube auch als Wasserlieferant für Gerber, Pelzer und Brauer, die hier seit dem 14. Jahrhundert bezeugt sind. Das bei der Sanierung der Straße angelegte Bächlein ist eine Homage an den künstlichen Seitenarm der Warnow, der den Rostockern einst sicher viel bedeutet hat.

Die Rostocker östliche Altstadt

Rostocks Wurzeln

Vom modernen Stadtbewohner kaum bemerkt, liegt das älteste Rostock nicht im Bereich der mittelalterlichen Altstadt, sondern etwas weiter östlich, jenseits der alten Warnow. Tausende fahren mit ihren Kraftfahrzeugen täglich über die alte Burg hinweg. Sekunden nur dauert die Überfahrt, wenn nicht wieder Stau ist. Denn die Vorpommernbrücke im Zuge der Bundesstraße 105 gründet auf historischem Boden. Schon bei der Warnowregulierung in Jahr 1881 wurde der Burgberg erheblich beeinträchtigt. Der neue Kanal, der den alten Warnowarm unmittelbar unterhalb der Stadtmauer ersetzen sollte, führt mitten durch den alten Wall. Die Burg ist heute praktisch gevierteilt, wobei der bedeutendste Rest der südöstliche ist.

Zahlreiche archäologische Funde kamen bei der Baggerarbeiten 1881 zutage. Ergänzt wird das Material durch Oberflächenfunde und die Ergebnisse einer Ausgrabung. Die Keramikfunde reichen ins 10., wenn nicht sogar 9. Jahrhundert zurück. Daneben wurden zahlreiche Kleinfunde gesichert, so eine Lanzenspitze, ein Reitersporn, eine Schere, Kämme, eine verzierte Gürtelschließe und Reste von Messern. 1160 wurde die zum obodritischen Fürstentum gehörende Burg von einer dänischen Flotte zerstört. Der kriegerische Absalon, Bischof im dänischen Roskilde und Berater König Waldemars I., sandte den Edlen Sune Ebbesøn mit einer Flotte die Warnow hinauf, um die Region zu plündern. Der dänische Chronist Saxo Grammaticus schrieb dazu: *Die Stadt Rostock, die von den Einwohnern feige verlassen worden war, brannte er ohne Schwierigkeit nieder. Auch ein Standbild, dem des Volkes ruchlose Leichtgläubigkeit wie ein himmlisches Wesen göttliche Ehren erwiese, übergab er den Flammen.* Die Burg wurde vom Fürsten Nikolaus von Rostock wieder erneuert. Die jüngsten Zeugnisse der Nutzung als Burg sind Mauerreste und Holzkonstruktionen aus der Zeit um 1200. Sie gehören offensichtlich der Zeit an, in der nach dem Tod des Fürsten Nikolaus im Jahr 1200 dessen Vetter Borwin, Fürst von Mecklenburg, die Burg übernahm. Im Mittelalter standen auf dem Burgberg die Feldbrandöfen einer Ziegelei, in der die Backsteine für den Bau der Petrikirche gebrannt wurden. Den Ton brachten Schutenfahrer aus der Gegend um Schwaan. In jüngerer Zeit diente der Burgberg als Bleiche für Leinentücher. Deshalb ist er heute als »Petribleiche« bekannt.

Fürst Nikolaus von Rostock war es, der im Jahr 1189 zwei Urkunden für das Kloster Doberan ausstellte, in denen der Markt und die Clemenskirche genannt werden. Beide sind heute nicht mehr zu lokalisieren, sicher aber im Umfeld der alten Burg zu suchen, also auf dem östlichen Ufer der Warnow. Leider haben Warnowregulierung und seit

Rechts die Holzhofhalbinsel an der Unterwarnow, an der hinteren Vorpommernbrücke der Burgwall

dem 19. Jahrhundert ansässige Industrie die Gegend umfassend verändert, so dass eine Suche nach detailliertem Wissen über dieses frühe Kapitel Rostocker Geschichte sehr schwierig ist.

Der Name Rostocks

Rostock wird erstmals in einer nordischen Quelle erwähnt. Die Dänen waren im Jahr 1160 in die Warnowmündung gefahren und zerstörten den Ort. Schon damals trug die Burg am Übergang zwischen Ober- und Unterwarnow den Namen, den die Stadt heute noch mit Stolz führt. In den mittelalterlichen Quellen finden sich nur unbedeutende Varianten in der Schreibweise. Kurz vor der Zerstörung Rostocks waren die Dänen die Warnow hinauf bis oberhalb von Schwaan gezogen. Dort belagerten sie zusammen mit sächsischen Truppen die Burg Werle, in der sich der Obodritenfürst Niklot verschanzt hatte und schließlich bei einem Ausfall ums Leben kam.

Wenn auch Stadt den vielen Rostockern gut bekannten Ökelnamen *Pierknüppel* trägt, eine niederdeutsche Übersetzung einer unernst gemeinten Namensdeutung *Roß-Stock*, so ist sicher allen bekannt, dass der Name der Stadt der slawischen Sprache entlehnt ist und soviel wie *Auseinanderfließen* meint. Rostock bezeichnet also einen Ort, wo sich ein Fluss teilt. Damit wird auf die Lage der Stadt angespielt. Genau an der Stelle, wo sich die Warnow vom 30 Meter breiten Fluss in ein weites, fördeähnliches Gewässer verwandelt. Eine passendere Bezeichnung für die Lage der Stadt könnte es kaum geben.

Der Name ist eigentlich nicht ungewöhnlich. Der gegenteilige Fall, nämlich das *Zusammenfließen*, bezeichnet der Name Zantoch (heute Santok in Polen) an der Mündung der Netze in die Warthe, einer über 1.000 Jahre alte Burg.

Und wer weiß eigentlich, dass es in Mecklenburg ein zweites Rostock gibt? Es ist das kleine Dorf Faulenrost an der Peene zwischen Malchin und Waren an der Müritz. Auch wenn es heute auf dem ersten Blick nicht mehr zu erkennen ist, so beweisen die mittelalterlichen Urkunden die Existenz dieses Ortes Dort findet man Namen wie Rostok, Rozstock und Vulen Roztok! Das nächste Rostock liegt in Vorpommern und heißt heute Neuenrost, 1321 nannte man das Dorf noch *Nyenrostock*.

Zurück an die Warnow

Das mittelalterliche Rostock gliedert sich in drei Teile. Diese wurden in der Mitte des 13. Jahrhunderts vereinigt und bald danach mit einer gemeinsamen Stadtmauer umschlossen. Die östliche Altstadt mit den Kirchen St. Petri und St. Nikolai ist der älteste Teil der Stadt, der 1218 das lübische Stadtrecht bekommen hat. Dieser Stadtteil liegt auf einem Mergelrücken zwischen Warnow und Grube. Jenseits der Grube entstanden in kurzer Folge die Mittelstadt mit St. Marien und die Neustadt um St. Jakobi, die beide in der Mitte des 13. Jahrhunderts voll ausgeprägt waren. Auf dem Hügel der östlichen Altstadt konnten Archäologen eine umfangreiche slawische Besiedlung des 12. Jahrhunderts nachweisen. Diese wurde vermutlich 1160 beim dänischen Angriff

Hans Weigel: Rostock von der Hafenseite, Holzschnitt, um 1550

zerstört. Um 1200 kamen deutsche Siedler und bauten erste Holzhäuser im Bereich des Alten Marktes, aber auch entlang der heutigen Slüterstraße, an deren Nordseite möglicherweise der älteste Hafen der Stadt gelegen haben kann.

Die Petrikirche am Alten Markt wurde im 14. Jahrhundert erbaut. Der Turm erhielt erst 1577 seine hohe Spitze, nachdem die ältere mehrfach von Stürmen herabgeweht wurde. Im Krieg bis auf die Grundmauern zerstört, wurde die Kirche in den 1950er Jahren wiederhergestellt, jedoch ohne Turmhelm. Erst mit Spendengeldern konnte dieser in den Jahren 1992 bis 1995 erstehen, seitdem zählt der Turm mit seinen 117 Metern wieder zu den höchsten Kirchtürmen in Deutschland. Die Kirche St. Nikolai ist die am wenigsten bedeutende der Hansestadt, wurde dafür aber vom steten Neubauwillen des Mittelalters verschont. Während andere Kirchen in dieser Zeit mehrfach neu und prächtiger errichtet wurden, blieb das Kirchenschiff von St. Nikolai in seiner ersten steinernen Bauausführung aus dem dritten Viertel des 13. Jahrhunderts erhalten. Der Turm kam im 14. Jahrhundert hinzu, der Chor mit dem Schwibbogen im 15. Jahrhundert. Nach den Zerstörungen des Zweiten Weltkrieges und langem Leerestand begann man in den 1980er Jahren in einem Prestigeprojekt Wohnungen in den hohen Dachstuhl einzubauen. Aus statischen Gründen wurden entgegen aller denkmalpflegerischen Einwände die Pfeiler im Innenraum gesprengt und durch massivere ersetzt. Nach 1990 erfolgte die Umgestaltung des Kirchenraumes zu einem Konzertsaal.

Blick über die Unterwarnow auf die beiden Altstädter Kirchen St. Nikolai und St. Petri

Um 1240 wurden am Nordrand der Altstadt Franziskaner-Mönche angesiedelt. Sie gründeten das Katharinenkloster. Nach der Reformation diente das Kloster als Waisenhaus. Das Kirchenschiff ist seit dem Stadtbrand von 1677 eine Ruine, der Chor wurde zu einem Lagerhaus. Die ehemaligen Klausurgebäude mit ihrem wertvollen Baubestand blieben erhalten. Sie wurden in den letzten Jahren umfassend saniert und bietet nun der Hochschule für Musik und Theater ein würdiges Domizil.

Die Mittelstadt mit dem Neuen Markt und der erstmals 1232 erwähnten Marienkirche war seit dem 13. Jahrhundert das unumstrittene Zentrum der Stadt. Das Rathaus besteht aus mehreren mittelalterlichen Giebelhäusern, die im 14. Jahrhundert die berühmte Schauwand mit den sieben Türmen erhielt. Später kam noch der Vorbau hinzu, der im 18. Jahrhundert erneuert wurde. Westlich an die Mittelstadt schloss sich die Neustadt um die nach dem Zweiten Weltkrieg gänzlich beseitigte Jakobikirche und den Hopfenmarkt an. An der Grenze zwischen beiden Stadtteilen, wo sich einst ein Graben, die »Faule Grube«, befand, stand dort, wo heute das Gebäude der Deutschen Bank steht, das

Blick von Osten über die Rostocker Altstadt

Kathrinenkloster und Stadthafen (oben), Hopfenmarkt mit Fünfgiebelhaus und Universität, vorn St. Michaelis

Heilig-Geist-Hospital mit einer fünfschiffigen Kirche. Erhalten ist der Heilig-Geist-Hof mit seinen kleinen Häusern, in denen einst Kranke und Bedürftige Unterkunft fanden. Unweit des Hopfenmarktes wurde 1270 das Kloster zum Heiligen Kreuz gegründet, heute das Museum der Stadt Rostock. Auf dem Hopfenmarkt stand das Neustädter Rathaus, welches späterhin die Universität nutzte.

Trotz eines verheerenden Stadtbrandes im Jahr 1677, der den östlichen Teil der Altstadt in Schutt und Asche legte, konnte Rostock das mittelalterliche Stadtbild weitgehend bewahren. Erst mit dem Zweiten Weltkrieg begannen die nachhaltigen Veränderungen des über die Jahrhunderte Gewachsenen. Am 12. September 1941 kam der erste Bombenangriff, die größten Schäden richtete jedoch ein Großangriff in der Nacht vom 23. zum 24. April 1942 an. Weitere Angriffe bis 1944 galten der Rostocker Industrie. Rund 600 Tote und etwa 1.000 Schwerverletzte waren die Bilanz der Bombennächte. 40 Prozent der Gebäude lagen in Trümmern oder waren stark beschädigt.

Der eigentliche Angriff auf das Stadtbild der Innenstadt folgte mit dem Wiederaufbau nach dem Krieg. Gewachsene Strukturen zählten wenig. Hohe Gebäude mit viel Wohnraum und breite Straßen, letztlich auch für propagandawirksame Demonstrationen, waren jetzt wichtig.

Auf dem III. Parteitag der SED wurde 1950 die Entwicklung Rostocks zum Industriestandort beschlossen. Auch der Wiederaufbau der zerstörten Altstadt sollte bald beginnen. Am 30. Januar 1953 feierte die Partei die Grundsteinlegung für die Umgestaltung der Langen Straße als Aufmarschstraße, heute ein bedeutendes Denkmal für die Architektur der 1950er Jahre in der DDR. Im Dienste moderner Verkehrsführungen wurde die Steinstraße verbreitert und die Bebauung an der Nordseite des Neuen Marktes, der bald Wilhelm-Pieck-Platz heißen sollte, entfernt. Geopfert wurden auch die weitgehend erhaltene Stadtmauer zwischen Kröpeliner Tor und Unterwarnow und – noch heute im Gedächtnis der Rostocker präsent – die katholische Christuskirche. Einen weiteren Eingriff in die Substanz der Altstadt gab es in den 1980er Jahren, als man vom Verfall bedrohte Viertel in der nördlichen Altstadt großflächig abräumte und eine neue Wohnbebauung schuf. Nur die rekonstruierten Häuser und Fassaden in der Wokrenter Straße vermitteln noch das einstige Aussehen dieser Straßenzüge. 1967 öffnete das Interhotel »Warnow« als weiterer Teil der sozialistischen Umgestaltung des Zentrums seine Pforten, ein geplantes Theater wurde nicht mehr realisiert.

Ein Blick über die Dächer der Stadt zeigt, wie sehr die Altstadt an vielen Stellen vom Krieg und dem unsensiblen Wiederaufbau der folgenden Jahrzehnte gezeichnet ist. Man sieht die ursprüngliche kleinteilige Bebauung, die besonders eindrucksvoll in der Lohgerberstraße wiederhergestellt wurde, nur noch an wenigen Stellen. Große Mietshäuser dominieren viele Teile der Altstadt. Selbst

Stadtzentrum mit der Marienkirche von Südwesten, um 1930, und von Südosten

in den letzen Jahren boten sich Bauwilligen noch viele freie Flächen, die der Krieg in der einst geschlossenen und engen Bebauung der Altstadt hinterlassen hatte. Der Lückenschluss dauert bis heute an.
Außerhalb der Mauern der östlichen Altstadt liegen Gerberbruch und Fischerbruch, benannt nach den dort ansässigen Gewerken. Das Gepräge dieser einst romantischen Ecke der Stadt zwischen Stadtmauer und Warnow ist heute nahezu völlig vernichtet. Nach den Kriegsschäden der 1940er Jahre und umfangreichen Abbruchmaßnahmen der 1980er Jahre blieben nur einzelne Gebäude erhalten. Bauarbeiter berichteten, dass sie bei Tiefenenttrümmerung des Geländes Schuttschichten beobachteten. Sie fanden kunstvoll verzierte Ofenkacheln aus dem 16. oder 17. Jahrhundert. Eines unter den wenigen erhaltenen Häusern ist ein typisches Giebelhaus der Hansezeit. Es zeugt vom hohen Alter dieser Straßenzüge. Mitten durch dieses Viertel vor den Stadtmauern fährt heute die Straßenbahn der Linie 4 nach Dierkow und Gehlsdorf. Sie wurde von 1987 bis 1990 gebaut. Dieser Trasse musste die ehemalige Lohmühle am Mühlendamm weichen.

Der Gerberbruch, um 1910

Der Stadthafen – Rostocks altes Tor zur Welt

Am Ufer der Unterwarnow befindet sich der Rostocker Stadthafen, über Jahrhunderte das wirtschaftliche Herz der Stadt. Seit dem 13. Jahrhundert liefen dort Schiffe ein und brachten Waren und nahmen die Erzeugnisse der Stadt und des Umlandes mit in die Welt. Am Ende aller zur Warnow hin verlaufenden Straßen befand sich zwischen Stadt und Hafen ein Tor in der wehrhaften Stadtmauer. Diesen Mauerabschnitt ließ die Stadt im 19. Jahrhundert am vollständigsten und schnellsten abtragen. Von jedem Tor aus hatte eine hölzerne Landebrücke in die Warnow geführt. Danach errichtete man erste Bollwerke wie den Christinenhafen und den Fischereihafen.
Ein intensiver Ausbau des Stadthafens fand vor dem Ersten Weltkrieg statt und sollte Rostock für die Anforderungen der neuen Zeit bereit machen. Die Warnow wurde auf sechs Meter vertieft, Fischereihafen und Christinenhafen verschüttet. Wichtig waren der Ausbau des Kohlekais und der Gleisanlagen, mit denen der Hafen und das Binnenland verbunden wurden. Modern war der Einbau von Stahlspundwänden. So hatte Rostock gut 1.700 Meter Kaianlagen im Stadthafen und weitere 1.000 Meter in Warnemünde. Schon nach dem Krieg ging der Ausbau weiter. Fischereihafen und Holzhafen wurden vergrößert; 1938 folgte die Verlängerung des Silokais um 138 Meter. Den Hafen anlaufen konnten dennoch nur Schiffe mit einer Tragfähigkeit von 3.000 bis

3.500 Tonnen. Oft waren es kleinere, beispielsweise Motorsegler, die im Holzhandel mit Finnland unterwegs waren.
Der Stadthafen genügte längst nicht den Ansprüchen des stets wachsenden Handels. Nach wie vor fehlte es an ausreichendem Lagerplatz für Getreide. Nach langwierigen Diskussionen und sicher unter dem in jener Zeit üblichen politischen Druck wurde in den 1930er Jahren ein großes Areal im Stadthafen an die »Raiffeisen eGmbH« verpachtet. 1935 war der erste Speicher fertig, 1938 folgten der verklinkerte Stahlbetonbau auf der Silohalbinsel und bis 1940 zwei weitere, die noch heute – wenn auch mit neuen Aufgaben – das Gesicht des Stadthafens prägen.
Im Jahr 1917 wurden im Stadthafen 470.000 Tonnen Güter verladen, hauptsächlich Getreide und Rohzucker. 1935 verzeichneten die Häfen in Wismar, Rostock, Stralsund und Saßnitz insgesamt einen Umschlag von 1.162.000 Tonnen, gut ein Viertel entfiel auf den Rostocker Stadthafen. In den Kriegsjahren musste man einen Umschlagrückgang von 30 Prozent und mehr hinnehmen. 1942 hatten Bomben auch die Hafenanlagen beschädigt.
1945 bis Ende 1953 befand sich der Hafen in sowjetischer Verwaltung und diente zum Abtransport von Reparationsgütern. Walter Kempowski (1929–2007) gab entsprechende Informationen an die Amerikaner weiter und ist deswegen zu 25 Jahren Arbeitslager verurteilt worden. 1947 verzeichneten Rostock und Warnemünde einen Umschlag von

Der Rostocker Fischereihafen, um 1910, Rostock und die Unterwarnow, um 1930

921.800 Tonnen Ladung, Wismar 655.000 Tonnen und Stralsund 235.600 Tonnen.
Am 1. Januar 1952 wurde der Volkseigene Betrieb (VEB) »Seehafen Rostock-Warnemünde« gegründet. Der Stadthafen verlor erst mit der Inbetriebnahme des Seehafens am Breitling einige Jahre später seine überregionale Bedeutung.
Eine Verbindung zwischen dem östlichen und dem westlichen Ufer der Unterwarnow konnte über Jahrhunderte hinweg nur mit Fähren geschaffen werden. Dabei war diese Verbindung eine wichtige Einrichtung, verkürzte sie doch den Weg von den Dörfern am rechten Ufer der Unterwarnow in die Stadt erheblich. Im 19. Jahrhundert brach auch für den bis dahin mit Ruder- und Segelbooten bewerkstelligten Fährbetrieb eine neue Zeit an. 1880 wurde die »Reederei Dampffährbetrieb Rostock–Gehlsdorf« ins Leben gerufen. Einen Teil des Kapitals hielt der Mecklenburgische Industriefonds, der ab 1886 auf fünf Jahre begrenzt eine jährliche Subvention von 600,– Mark an die Reederei überwies. In den 1920er Jahren gehörte sie der Firma »Wilhelm Stichert« und verkehrt halbstündlich zwischen Gehlsdorf und dem Stadthafen. Um eine Viertelstunde versetzt konnte man mit einem Motorboot übersetzen.

Die Marina von Gehlsdorf und die Altstadt von Rostock

Die Idee einer Brücke über die Warnow als Ersatz für die Fähre vom Stadthafen nach Gehlsdorf entstand schon in der Zeit um 1933/1934.
Im Zusammenhang mit dem Bau der Langen Straße als *erste sozialistische Straße* im Jahr 1949 und mit der Fertigstellung des Überseehafens wurde die Warnowbrücke erneut diskutiert, schließlich nahm man aufgrund der immensen Baukosten Abstand vom Vorhaben und legte das Projekt 1961 vorerst zu den Akten. Eine Umsetzung des Planes hätte vor allem das Ende des Rostocker Stadthafens bedeutet.
Der nächste Versuch folgte, als der Bau der Autobahn Rostock–Berlin in vollem Gange war. Im August 1970 begann man mit den Arbeiten für einen 585 Meter langen Koloss aus Stahl und Beton. Glücklicherweise zogen die Bagger schon nach wenigen Tagen wieder ab. Zur selben Zeit dachte man auch bereits an eine Untertunnelung der Warnow nördlich von Rostock. 1974 wurde sie als »Warnow-Querung Nord« in den Generalbebauungsplan der Seestadt Rostock aufgenommen. Auch dieser Plan scheiterte am fehlenden Geld.
Während seit 2003 ein Tunnel, wenn auch weiter nördlich, zwischen dem Seehafen und dem Stadtteil Schmarl, beide Flussufer miteinander verbindet, gibt zwischen dem Stadthafen und dem östlich der Warnow gelegenen Gehlsdorf nur noch eine Personenfähre. Sie wird an den Wochenenden in den Sommermonaten vom Verkehrsverbund Warnow GmbH betrieben.

Der »Toitenwinkel«

Früher nannte man das ganze, etwa 3.500 ha große Gebiet nordöstlich der Unterwarnow den »Toitenwinkel«; heute trägt nur noch das ehemalige Haupt- und Kirchdorf diesen Namen. Dazu gehörten *Totendorf*, (Neu) Krummendorf, Oldendorf (früher Alt Krummendorf), Peez, Häschendorf, Goorstorf, Dierkow, Hinrichsdorf, Nienhagen, Gehlsdorf, das um 1500 verschwundene Lubberstorf und das beim Bau des Überseehafens beseitigte Petersdorf. Seit die mittelalterlichen Urkunden darüber Auskunft geben, waren die Dörfer bis auf wenige Ausnahmen im Besitz der Familie Moltke, die ihren Wohnsitz in Toitenwinkel hatte. Oft verschuldet, mussten die Moltkes ihren Besitz hin und wieder verpfänden, meist war die Stadt Rostock der Geldgeber. Die direkte Nachbarschaft der Hansestadt und der mächtigen Adelsfamilie führte immer wieder zu Auseinandersetzungen, ihr Neben- und Miteinander war die »Geschichte einer Haßliebe«, wie der Rostocker Historiker Ernst Münch nach jahrelangen Forschungen sein 2002 erschienenes Buch treffend titelte. Denn trotz allem brauchte man einander, nicht zuletzt als Lieferant bzw. Abnehmer von landwirtschaftlichen Produkten. 1677 segnete der letzte Moltke auf Toitenwinkel das Zeitliche, das Gut befand sich anschließend im Besitz der Familie von Mandelsloh. 1780/81 kaufte Herzog Friedrich von Mecklenburg-Schwerin das Gut und richtete das Domanialamt Toitenwinkel mit Sitz in Rostock ein.

Zeugnis dieser bewegten Geschichte ist die Kirche in Toitenwinkel aus dem 14. Jahrhundert mit ihren wertvollen Wandmalereien aus der Erbauungszeit. Sie zeigen Szenen aus dem Alten und Neuen Testament, aber auch die Wappen der Familie von Moltke und von Michelstorf, die in der ersten Hälfte des 14. Jahrhunderts auf Gehlsdorf saßen. Beim Umbau der Kirche im Jahr 1889, in

Das alte Dorf Toitenwinkel, einst Sitz der Herren von Moltke, heute beschauliches Wohngebiet

dessen Zuge der hölzerne Kirchturm durch einen aus Ziegeln gemauerten ersetzt und die Querschiffe völlig erneuert wurden, veränderte man das äußere Erscheinungsbild der Kirche erheblich. Glücklicherweise blieb vieles von der wertvollen Ausstattung aus der Renaissancezeit erhalten.

Erst 1950 wurde der Toitenwinkel in das Rostocker Stadtgebiet eingegliedert. Seit 1985 entstanden die Neubau- und Eigenheimgebiete Toitenwinkel und Dierkow, durch die der ländliche Charakter dieser Dörfer nahezu verloren ging. Im Jahr 1939 hatte das Dorf Toitenwinkel nur 121 Einwohner und, auch wenn inzwischen viele Menschen diesen Stadtteil wieder verlassen haben, wohnen dort heute noch weit über 10.000 Rostocker.

Schiffbau und noch mehr

Zurück vom einst ländlich geprägten Toitenwinkel auf die Rostocker Seite der Unterwarnow. Seit dem Mittelalter wurden an ihrem Ufer Schiffe gebaut. Am westlichen Ende des Stadthafens hatten die Werften ihren traditionellen Standort. Das Industriezeitalter im Rostocker Schiffbau begann 1850 mit der Schiffswerft und Maschinenfabrik der Fabrikanten Wilhelm Zeltz und Albrecht Tischbein (1803–1881), die die Holzschiffswerft von E. Burchard übernommen hatten. Gebaut wurde der erste schraubengetriebene eiserne Dampfer Grossherzog Friedrich Franz, der 1851 seinen Dienst aufnahm. Es folgte der baugleiche Erbgrossfürst Constantin (1852). Beide Schiffe fuhren im Liniendienst Rostock–St. Petersburg. In den Jahren danach kam es zu einer Reihe von Fusionen Rostocker Werften, aber auch zu Neugründungen von Betrieben, die wiederum aus älteren hervorgingen. 1871 gründete sich die Rostocker Aktiengesellschaft für Schiffs- und Maschinenbau. Diese übernahm im Jahr 1881 die aus der Tischbeinschen Werft hervorgegangene »Aktiengesellschaft Hansa Werft für eiserne Schiffe und Maschinenbauanstalt«. Im Laufe des 19. und frühen 20. Jahrhundert kam es zum weiteren Zusammenwachsen von Werft- und Maschinenfabriken.

Die Gehlsdorfer Fähre und der Fährkrug, der kürzeste Weg vom Toitenwinkel nach Rostock

Die industrielle Entwicklung führte Ende des 19. Jahrhunderts auch in Rostock zu umfangreichen Modernisierungen und Erweiterungen. Das Werftgelände dehnte sich auf über zehn Hektar aus, bekam einen eigenen Gleisanschluss. Es wurden ein Schwimmkran (30 t) und mehrere Laufkräne installiert. 1903 kam ein Schwimmdock hinzu. 1914 hatte die Werft 1.800 Beschäftigte. Sie lieferte 10.000 bis 12.000-Tonnen-Schiffe nach Russland, Schweden, Frankreich, Norwegen und in die Niederlande.

1934 erhielt die Werft den Namen »Neptunwerft Rostocker Schiffswerft und Maschinenfabrik G.m.b.H.« Bei den Bombenangriffen 1942 und 1944 schwer getroffen, wurden die letzten nutzbaren Teile bis Ende 1946 demontiert und in die Sowjetunion verbracht. Unter sowjetischer Verwaltung beseitigte man aber auch die Zerstörungen des Krieges an den Gebäuden und schritt langsam mit den wenigen vorhandenen Mitteln zum Wiederaufbau. Erst 1952 kam der Betrieb wieder in deutsche Hand und hieß fortan »VEB Schiffswerft Neptun«. Ein Jahr später liefen die ersten Schiffe für die Deutsche Seereederei vom Stapel, die ROSTOCK und die WISMAR. Hauptsächlich produzierte die Werft für die UdSSR, wie überhaupt 90 Prozent der in der DDR gebauten Schiffe in den Export gingen. 1979 wurden die Werften und werftnahe Betriebe der DDR zu einem Kombinat mit Hauptsitz in Rostock zusammengefasst.

Am 1. Juni 1990 ging aus diesem Kombinat die »Deutsche Maschinen- und Schiffbau AG« (DMS) hervor. Die Zahl der Beschäftigten sank bis 1992 auf 17.000. Allein die Werften mussten in kurzer Zeit 60 Prozent ihrer Belegschaft in die Arbeitslosigkeit oder den Ruhestand schicken.

In den zurückliegenden 150 Jahren konnten die Werftarbeiter der Neptunwerft über 1.500 neue Schiffe auf die Weltmeere schicken sowie Tausende andere reparieren und umbauen. 1991 musste der Betrieb aufgrund von EU-Beschränkungen den Schiffsneubau einstellen. Schwerpunkte der Arbeit wurden Reparatur und Modernisierung von Schiffen sowie Zulieferungen für den Schiffbau.

Das Unternehmen, seit 1997 in der Meyer-Werft-Unternehmensgruppe verankert, verließ den alten Standort und zog nach Warnemünde. Seit 2001 konnten die 400 Mitarbeiter unter anderem mehrere Flusskreuzfahrtschiffe übergeben. Auf dem alten Werftgelände arbeitet man seit Jahren daran, der Industriebrache eine neue Zukunft zu geben. Gewerbebetriebe, Dienstleistungs-

Die ehemalige Schiffswerft Neptun (oben) und der Seehafen Rostock, dahinter Schmarl und Groß Klein

unternehmen und Wohnungsbauvorhaben finden genügend Raum zur Entfaltung, so eröffnete im Juli 2008 in den Werfthallen ein Einkaufscenter.

Rostocks neue Stadtteile

Entlang der gut zwölf Kilometer zwischen der Stadt Rostock und dem einstigen Fischerdorf Warnemünde hat sich die Stadt in den letzten 150 Jahren ausgebreitet. Mit der Bestimmung Rostocks als Bezirksstadt im Jahr 1952 und der geplanten Entwicklung als Industriestandort setzte ein weiterer konsequenter Ausbau der Stadt ein. Es begann der Bau von Satellitenstädten entlang der Westseite der Unterwarnow und südlich der Stadt. Zuerst erweiterte man die in den 1930er Jahren angelegten Wohnviertel in Reutershagen I (1953–1957) und Reutershagen II (seit 1958). 1958 hatte die Stadt 152.000 Einwohner. Seit den 1960er Jahren entstanden die Südstadt und Lütten Klein, dann Evershagen, Lichtenhagen, Schmarl, Groß Klein, Dierkow und Toitenwinkel. Innerhalb von nur 30 Jahren bekam Rostock auf diese Weise rund 55.000 Wohnungen. Im Jahr 1971 zählte die Stadt 200.000 Einwohner.

Die Rostocker Neubaugebiete von Evershagen bis Warnemünde

Neben Wohngebieten befinden sich hier auch zum Teil traditionsreiche Betriebe, nicht zuletzt der Fischereihafen in Bramow. Früher standen hier nur Bauerndörfer, deren Namen auf die heutigen Rostocker Stadtteile Bramow, Evershagen, Lichtenhagen, Schmarl sowie Lütten und Groß Klein übergingen. Nur Marienehe war kein Bauerndorf, sondern ein Kloster der Kartäuser, die sich kurz vor 1400 in einem slawischen Ort namens *Mernowe* oder *Mergneve* ansiedelten. Außer dem Namen erinnert heute nichts mehr an dieses Kloster vor den Toren Rostocks. Einzig das Stadtarchiv verwahrt die beiden Siegel des nach der Reformation aufgehobenen Konvents. Die Ziegel aus dem Abbruch des Gebäudes ließ Herzog Ulrich im Jahr 1559 zum Schlossbau nach Güstrow bringen.

Neben der Kartause von Marienehe gab es am Westufer der Unterwarnow einen zweiten historisch wichtigen Ort: die Hundsburg. Diese Befestigung wurde um 1270 errichtet, als die Landesfürsten wegen zunehmender Spannungen mit den selbstbewussten Bürgern Rostocks die Stadt verließen. Nur der Straßenname »Burgwall« in der nördlichen Rostocker Altstadt verweist noch auf die ursprüngliche Fürstenburg innerhalb der Stadtmauern. Die Hundsburg lag am westlichen Ufer der Unterwarnow bei Schmarl, nur wenig südlich des heutigen Liegeplatzes des Traditionsschiffs »Typ Frieden«.

Die Gründungslegende des Klosters zum Heiligen Kreuz berichtet, Königin Margarethe von Dänemark habe das Kloster dort erbauen wollen. Die Position des Landesherrn gegenüber der Stadt war mit der Burg an der Unterwarnow keineswegs schlechter geworden. Mit ihr konnte er den Handelsverkehr von und zur Stadt genau kontrollieren, gegebenenfalls blockieren und damit den Lebensnerv der Stadt treffen.

Entsprechend bestrebt war die Stadt, die Burg in ihre Hand zu bekommen. Schon 1278 war ihr das gelungen. Zerstört wurde die Burg aber noch lange nicht, wie um 1285 gebaute Pfahlsetzungen im Ufersaum der Warnow zeigen. Ein Schädelfragment mit Hiebmarke, gefunden im Fluss, belegt zudem heftige Auseinandersetzungen um die Burg. Bereits um 1300 dürfte sie bedeutungslos geworden sein, denn 1307 kam die Burgstelle in die Hand des Klosters zum Heiligen Kreuz, das auch schon das Dorf Schmarl sein Eigen nennen konnte. Die Reste der Burg wurden 1582 abgetragen, als man Baumaterial für die Hafeneinfahrt am Neuen Tief brauchte. Heute ist die Hundsburg nur ein unscheinbarer Hügel in den Warnowwiesen.

In Rostock-Schmarl, wenig nördlich der Hundsburg und dem Breitling gegenüber, ankert das 1956/57 auf der Warnowwerft gebaute Traditionsschiff »Typ Frieden«. Als das 10.000-Tonnen-Frachtschiff Dresden befuhr es einst von Rostock aus die Weltmeere. Seit dem 13. Juni 1970 lädt das 157 Meter lange Schiff als »Schiffbaumuseum Rostock« zu einem Besuch an Bord. In den ehemaligen Laderäumen befinden sich Ausstellungen zur Geschichte des Schiffbaues von seinen Anfängen bis hin zur modernen Werftindustrie und zur gegenwärtigen Entwicklung der Häfen an Mecklenburg-Vorpommerns Ostseeküste. Anschauliche Modelle und Darstellungen versetzen den Besucher in längst vergangene Zeiten und

Die westliche Einfahrt in den Warnowtunnel, im Hintergrund liegt eine Insel im Schilf: die Hundsburg

zeigen viel Wissenswertes über die Arbeit der Schiffbauer.
So sieht man das Modell eines der beiden in Rostock gebauten, ersten seegehenden eisernen Schraubendampfer Deutschlands von 1851, das Diorama einer Stralsunder Segelschiffswerft und das Modell der Rostocker Neptun-Werft. Zahlreiche Exponate, darunter ein vorgeschichtlicher Einbaum und moderne Antriebsmaschinen, ergänzen die Ausstellung. Darüber hinaus ist das Schiff selbst ein Museum: zu erkunden sind der original erhaltene Maschinenraum, die Funkstation, die Brücke, die Krankenstation und die Mannschaftskabinen.
Rund um das Traditionsschiff befinden sich weitere maritime Ausstellungsobjekte, so der 1890 in Duisburg gebaute Schwimmkran »Langer Heinrich«, das 1943/44 in Ostswine gefertigte Betonschiff CAPELLA und der 1907 in Hamburg auf Kiel gelegte Dampfschlepper SATURN. Auch das weitere Umfeld hat sich in den letzten Jahren bedeutend gemausert. Führte früher eine trostlose Asphaltstraße vom S-Bahnhof zur Warnow, findet man sich heute in einer freundlich gestalteten Umgebung wieder, denn der Liegeplatz der DRESDEN ist Bestandteil des »IGA-Parks«, der in den Jahren 1997 bis 2003 aufwändig für die Internationale Gartenbauausstellung hergerichtet wurde. Neben vielfältig gestalteten Gärten finden sich renaturierte, aber auch naturbelassene Bereiche. Eine der zentralen Anlagen und bis heute ein beliebter Anziehungspunkt ist der »Weidendom«, die grüne Kirche an der Ostsee.

Das Traditionsschiff, der Schwimmkran, das Betonschiff und der Dampfschlepper

Ein Tunnel statt einer Brücke

Der Traum von einer festen Verbindung beider Ufer der Unterwarnow sollte lange unerfüllt bleiben. Erst mit dem neuen Fernstraßenbauprivatfinanzierungsgesetz von 1994 wurde es möglich, eine privatwirtschaftlich finanzierte und betriebene Fahrstrecke entstehen zu lassen. Es bot sich so die Möglichkeit, wichtige Bauprojekte im Straßenbau auch ohne die stets leeren Kassen der öffentlichen Haushalte umzusetzen. Das erste deutsche Vorhaben dieser Art, kurz »F-Modell« genannt, sollte der Warnowtunnel werden. Der erste Spatenstich für das rund 220 Millionen Euro teure Projekt fand am 1. Dezember 1999 statt. Die französische »Bouygues Travaux Publics SA.« und die australische »Macquarie Infrastructure Company« konnten gemeinsam mit einem internationalen Bankenkonsortium und einem Zuschuss der EU dieses ebenso innovative wie gewaltige Vorhaben in die Tat umsetzen. Mit einer von den Nutzern erhobenen Maut sollen sich die Investitionen bezahlt machen. Die Betreiber haben sich gegenüber der Hansestadt Rostock vertraglich verpflichtet, dieses Bauwerk 30 Jahre zu betreiben und das Projekt zu finanzieren.

Sechs wasserdichte Betonelemente wurden an Land konstruiert, schwimmend in Position gebracht und anschließend im Flussbett abgesenkt. Weitere Bauten an Ein- und Ausgang sowie die Anbindung an die B 103 im Westen und die A 19 im Osten gehörten zum Bauvorhaben. Der Tunnel ist insgesamt 790 Meter lang, 22,5 Meter breit und 8,5 Meter hoch. Vier Fahrspuren mit einer Durchfahrtshöhe von 4,5 Meter führen durch den Tunnel, der gut 200.000 Tonnen Stahl und Beton verschlang. Nach dreieinhalb Jahren Bauzeit, am 12. September 2003, konnte das Tunnelbauwerk dem allgemeinen Verkehr feierlich übergeben werden. Zuvor wurden mit dem Inkraftsetzen der Mautverordnung für den Warnowtunnel am 12. Juni 2003 endgültig die Weichen gestellt für die erste privatwirtschaftlich betriebene Fahrstrecke Deutschlands.

Der Warnowtunnel ist heute eine kaum noch wegzudenkende Verbindung zwischen den Wohngebieten westlich der Warnow und dem Seehafen sowie der A 19. Bis Mai 2010 wurden 23 Millionen Durchfahrten registriert; täglich nutzen rund 11.000 Fahrzeuge die Strecke.

Hinzu kommt die durchgehende Schnellstraße zwischen Warnemünde und der A 20, die eine große Verkehrsentlastung für viele innerstädtische Straßen der Hansestadt Rostock bedeutet.

Die östliche Einfahrt in den Warnowtunnel, rechts das Vorgelände des Seehafens

Die Warnow – Hafen- und Werftstandort

Nördlich des Warnowtunnels schlägt inzwischen das industrielle Herz der Stadt Rostock. Beiderseits der Warnow findet man die größten Arbeitgeber der Stadt, die Werften und den Seehafen mit seinen Industrie- und Gewerbeansiedlungen.

Noch vor hundert Jahren war von alledem wenig zu sehen. Zwar haben die Ausbauten für den Fährhafen um 1900 das Bild der Warnowmündung gravierend verändert, aber der Fährhafen selbst blieb trotz seines florierenden Verkehrs nicht mehr als eine Durchgangsstation. Alle, die länger blieben, waren Badegäste. Aber diese sorgten binnen kurzem für den eigentlichen Aufschwung in Warnemünde.

Das änderte sich schlagartig nach dem Ende des Zweiten Weltkrieges. Die »Sowjetische Militäradministration in Deutschland« (SMAD) forderte im Zuge von Reparationsleistungen die Lieferung hölzerner Fischereifahrzeuge. Im Sommer 1946 gründete man eigens dafür die Warnowwerft. Als Standort bot sich das Hafenbecken des alten Fährhafens in Warnemünde an. Anfangs zur Reparaturwerft in Wismar gehörend, wurde sie 1948 auf Befehl der SMAD aus dem Verbund herausgelöst und arbeitete seit dem 1. August unter dem Namen »VEB Warnowwerft Warnemuende«. Am 29. Februar 1948 lieferte sie den ersten Fischkutter aus. 1950 begann der Bau von 10.000-Tonnen-Schiffen. Ein Jahr später wurde das Segelschulschiff WILHELM PIECK, die heutige GREIF, auf Kiel gelegt. Von 1950 bis 1955 entstand die riesige Kabelkrananlage, die für Jahrzehnte ein Wahrzeichen von Warnemünde sein sollte. Zahlreiche große Schiffsneubauten folgten in den Jahren danach.

Die Warnowwerft mit Schwimmdock und Werfthallen

Am 1. Juni 1990 wurde aus dem VEB die »Warnowwerft GmbH«. Am 1. Oktober 1992 übernahm britisch-norwegische Firma »Kvaerner ASA« die Werft. Bis 1995 wurden einige hundert Millionen Mark zur Modernisierung der Werft investiert. Zur Produktpalette gehören Containerschiffe, Produkten-, Chemikalien-, Gas- und Shuttletanker, eisbrechende Tanker sowie mittelgroße Passagierschiffe. Im Februar 2002 übernahm die internationale Schiffbaugruppe »Aker Yards ASA« die Werft. Der Konzern besaß seinerzeit 13 Werften, unter ihnen auch die »Aker MTW Werft GmbH« in Wismar, beschäftigte 14.500 Mitarbeiter und war damit Europas größte Werftengruppe und gehörte zu den fünf größten Schiffbauern weltweit. 2008 verkauft, gerieten sie als »Wadan Yards«. in den Strudel der globalen Finanzkrise. 2009 mussten die Werften Insolvenz anmelden. Die Warnowwerft, nun »Nordic Yards Warnemünde« genannt,

befindet sich inzwischen in der Hand eines russischen Investors und blickt nach über 400 gebauten Schiffen einer ungewissen Zukunft entgegen.
In den 1950er Jahren hatte die junge DDR ein besonderes Problem zu lösen. Weil sie einen großen Teil ihres Außenhandels über den Überseehafen in Hamburg abwickeln musste – in den Jahren von 1950 bis 1959 waren es 10,9 Millionen Tonnen – suchte die Staatsführung einen Weg, vom ideologischen Feind unabhängiger zu werden. Entsprechend wurde auf der 33. Tagung des Zentralkomitees der SED im Jahr 1957 der Ausbau Rostocks zum Seeumschlagplatz beschlossen. Am 26. Oktober war Baubeginn, und die gesamte DDR sollte bei diesem Unternehmen helfen. Über organisierte Aktionen sammelte man auf den Feldern 65.000 Steine für Molenbau und in den Betrieben rund 4,5 Millionen Mark. 1958 feierte die Staatsführung die Fertigstellung von 500 Metern Ostmole. Am 1. Mai 1960 wurde der Überseehafen Rostock offiziell eröffnet. Es lief der 10.000-Tonnen-Stückgutfrachter SCHWERIN ein. Insgesamt konnten 1960 471.000 Tonnen Güter, weniger als ein Zehntel der in den Häfen der DDR, umgeschlagen werden. Der Überseehafen war eben noch nicht fertig, sondern konnte nur teilweise genutzt werden. Der weitere Bau dauerte bis 1965, aber auch danach ging man ständig daran, zu erweitern und auszubauen. Am 30. Juni 1968 vermeldete die Presse die erste Containerabfertigung. Im Jahr darauf endete die erste Bauphase. Der Hafenumschlag überschritt die 10-Millionen-Tonnen-Grenze.
In den Jahren von 1972 bis 1977 arbeitete man an der Vertiefung des Seekanals auf 13 Meter, damit 50.000-Tonnen-Schiffe in den Hafen einlaufen konnten. Zur selben Zeit erfolgten Hafenerweiterungen für Erzumschlag und Kohle. Als nächster Höhepunkt der Hafengeschichte ist die Fertigstellung der Autobahn im Jahr 1978 zu nennen, die unmittelbar vor dem Hafengelände endete. Nach und nach wuchs die Bedeutung des Transports auf der Straße. 1979/1980 wurde das Hochsilo für 100.000 Tonnen Getreide gebaut, ein drittes Hafenbecken kam hinzu. Zugleich begann der Ausbau für Ro-Ro-Transportschiffe, die zunehmend den internationalen Schiffsverkehr bestimmten.
1980 beschäftigte der Seehafen rund 4.500 Arbeiter und Angestellte. In dieser Zeit wurde die Vertiefung des Seekanals auf 14,5 Meter geplant. Der Hafen unterhielt 18 Liniendienste. 1981 bis 1983 wurde das Becken D östlich des Ölterminals als Chemiehafen gebaut. Dann folgte noch ein Düngemittelumschlagplatz mit direkter Anbindung an das gerade erbaute Düngemittelwerk in Poppendorf. Anfang der 1980er Jahre gab

Der Öl- und Chemiehafen, im Hintergrund die Rostocker Heide

es im Hafen 6.000 Arbeiter und Angestellte. Die ständigen Erweiterungen hatten die Kapazität spürbar erhöht. Knapp 20 Millionen Tonnen wurden 1985 umgeschlagen.
Das Jahr 1989 wurde zum Rekordjahr. Über 5.500 Beschäftigte verdienten dort ihren Lebensunterhalt. Nach dem politischen Zusammenbruch der DDR und der Währungsunion – viele der ehemaligen Handelspartner konnten nicht mehr zahlen – drohte das Aus für den Hafen. 1991 konnte die nunmehrige »Seehafen Rostock AG« nur noch acht Millionen Tonnen Güter umgeschlagen, 1994 hatte der Hafen noch 780 Beschäftigte. Dabei bot er eine Ausgangsbasis, die Hoffnung versprach: 9.000 Meter Kaianlagen, 270 Kilometer Gleis mit riesigem Güterbahnhof sowie den direkten Autobahnanschluss. Und so wurde noch einmal das, was dem Rostocker Hafen am Ende des 19. Jahrhunderts den Aufstieg brachte, zum Motor der Entwicklung: der kurze Weg nach Skandinavien. Mit millionenschweren Investitionen begann ein rasanter Ausbau. Der alte Fährhafen in Warnemünde wurde aufgegeben und in den Seehafen – vor der Wende gut bewachtes Sperrgebiet – verlegt. Die Linie von Rostock nach dem dänischen Gedser brummte, bald darauf folgte eine nach Trelleborg in Schweden, dann kamen Verbindungen nach Estland, Russland, Lettland und Finnland, hinzu wobei die Linien nach Estland und Russland im Jahr 2005 wieder aufgegeben wurden. Dafür werden die Verbindungen nach Skandinavien täglich mehrfach bedient. Hinzu kommen die Rostocker »Zementumschlagsgesellschaft GmbH«, der Ausbau des Ölhafens und des Kohlehafens für das Kraftwerk. Darüber hinaus gelang auf dem hervorragend erschlossenen Gelände die Ansiedlung von Industrie, beispielsweise einer Mälzerei und eines Trockenmörtelwerkes.

Der Güterbahnhof vor dem Seehafen und das Steinkohlenkraftwerk

1999 wurde mit einem Güterumschlag von 21,1 Millionen Tonnen der Rekord von 1989 überboten. Im gleichen Jahr konnte der 1997 begonnene Ausbau des Seekanals für 180 Millionen Mark beendet und damit ein seit 1980 gehegter Wunsch endlich umgesetzt werden. Der Seekanal ist nun 14,5 Meter tief und 120 Meter breit. Zunehmend kommen nun Großschiffe in den Hafen. Eine Verbesserung der Hafenanbindung ergab sich mit der Fertigstellung der A 20 zwischen der A 19 bei Rostock und Schönberg in Westmecklenburg am 18. Dezember 2000; seit November 2005 ist sie durchgängig befahrbar. Seit Ende 2009 besteht über die A 14 auch eine Autobahnverbindung nach Schwerin und zur A 24.
Seit 2001 ist die »Hafen-Entwicklungsgesellschaft Rostock GmbH« Eigentümerin von Grund und Boden, der Kaianlagen und Wasserflächen des Hafens und zugleich zu-

Der Seehafen Rostock von Süden

ständig für die Entwicklung, Verwaltung und Unterhaltung der Infrastruktur. 2002 zählte man wieder 6.000 Beschäftigte im Hafen; 250 Firmen und Institutionen haben hier heute ihren Sitz. Im Jahr 2007 verzeichnete der Seehafen Rostock einen Güterumschlag von 26,5 Millionen Tonnen, 2,4 Millionen Fährpassagiere und erheblichen Zuwachs im LKW-Verkehr. Mit jährlichem Millioneneinsatz wird weiter investiert, um den ständig wachsenden Bedürfnissen gerecht zu werden.

Der Seehafen Rostock bietet ideale Bedingungen für Industrieansiedlungen. Direkter Zugang zur Ostsee und den Weltmeeren, der unmittelbare Autobahnanschluss und ein großer Bahnhof erlauben unkomplizierten Verkehr in alle Richtungen. So fiel die Standortentscheidung mehrerer Energiekonzerne sicher nicht schwer, ihr Steinkohlenkraftwerk im Seehafen zu bauen. 1990 begannen die Planungen für das gigantische Projekt, ein Jahr später lagen die Genehmigungen des Wirtschaftsministeriums und der Rostocker Bürgerschaft vor. Noch im gleichen Jahr konnte auf den Kesselhaustürmen das Richtfest gefeiert werden. Viele Rostocker werden sich an das Wachsen des Kühlturmes erinnern. 100 Meter Durchmesser am Boden, 60 Meter sind es in 141,5 Metern Höhe. Bei klarer Sicht ist er von der dänischen Küste aus deutlich zu sehen.

1993 war der Kühlturm *ausgewachsen*, die Turbinen wurden montiert. Am 8. März 1994 kam die erste Kohle, ein paar Wochen später die erste Netzschaltung und im September der erste Probebetrieb. Seit dem 1. Oktober 1994 liefert der Gigant im Hafen Strom. Nach nun mehr als 15 Jahren sind es insgesamt 39.440 Gigawattstunden Strom und 2.230 Gigawattstunden Wärme. Mehr als zwölf Millionen Tonnen Steinkohle waren dafür nötig. Für den steten Nachschub sorgt der Hafen im Rücken.

Das Steinkohlenkraftwerk mit seinem 141,5 m hohen Kühlturm

Eigentlich relativ spät besann sich die Stadt Rostock eines entscheidenden Standortvorteils, und zwar des kurzen Weges nach Dänemark. Erst 1873 begann man mit dem Schraubendampfer ROSTOCK eine regelmäßige Verbindung zwischen Rostock und Nykøbing aufzubauen. Außer in den Wintermonaten fuhr der Dampfer dreimal wöchentlich, seit 1877 täglich. Mit Verlängerung der Bahnlinien von Rostock bis nach Warnemünde (1886) auf der deutschen und wenig später von Nykøbing nach Gedser auf der dänischen Seite waren es nur noch 44 Kilometer Wasserweg, den nun vier Schiffe bedienten. Zur Erhöhung der Leistungsfähigkeit der Verbindung folgten zudem die Vertiefung der Fahrrinne, Verlängerung der Mole und der Bau eines neuen Anlegers für die Postschiffe in Warnemünde.

Der erste Bahnhof von Warnemünde befand sich unmittelbar neben dem Fähranleger. Das alte Hafenbecken wird heute von der Warnowwerft genutzt. Bald jedoch begann der Ausbau zu einer Eisenbahnfähre. In diesen Zusammenhang gehört der Bau des heutigen, 37 Meter hohen Leuchtturmes, der 1897/98 nach Plänen von Karl Friedrich Kerner (1847–1920), dem Vater des Hafenprojektes, errichtet wurde, dazu die Ausbaggerung des »Neuen Stromes« bis 1903 und der Bau der 1.100 Meter langen Ostmole. Nun bot es sich an, den Bahnhof noch etwas weiter nördlich an seine heutige Stelle zu verlegen. Der Kopfbahnhof wurde durchbrochen, indem man die Gleise in einem Tunnel durch das Gebäude verlegte.

Über den »Alten Strom« führt seitdem die eiserne Drehbrücke als kurze Verbindung für die Warnemünder zum Bahnhof. 1903 nahmen die Eisenbahnfähren FRIEDRICH FRANZ IV und PRINSESSE ALEXANDRINE ihren Betrieb nach Gedser auf. Das umständliche Umsteigen und Umladen der Güter auf das Postschiff entfiel. Die Reisezeit von Berlin nach Kopenhagen hat sich seitdem erheblich verkürzt. Der alte Bahnhof steht noch immer, nur der »Tunnelbau« wurde 1984/1985 wegen der Elektrifizierung der Bahnstrecke von Rostock nach Warnemünde abgebrochen.
Rostock ist in den letzten Jahren nicht nur zum wichtigen Ostseehafen für Fähr- und Güterverkehr geworden, sondern hat sich auch eine nicht mehr wegzudenkende Position als Kreuzfahrthafen erarbeitet.
Vielleicht erinnert sich der eine oder andere an die seltenen Besuche der drei FDGB-Urlauberschiffe VÖLKERFREUNDSCHAFT (1960, verkauft 1985), FRITZ HECKERT (Jungfernfahrt 1. Mai 1961, 1972 als Wohnschiff nach Stralsund verlegt) und ARKONA (1985–2002). Heute gehören die schwimmenden, alles überragenden Luxushotels jeden Sommer zum gewohnten Bild. Der Warnemünder hat sich an die Scharen neugieriger Landgänger gewöhnt, die in jedem Jahr einige Millionen Euro in die Rostocker Region bringen. Ein am 1. Mai 2005 eingeweihtes Empfangsterminal vereinfacht die Passagierabfertigung. Zusätzliche 300 Meter Liegeplatz mit zehn Meter Wassertiefe wurden bis 2008 realisiert. Die wachsende Resonanz des Hafens Rostock für die Kreuzschifffahrt wird auch in den kommenden Jahren weitere Ausbauten erfordern.
Warnemünde ist nicht nur Gastgeber für Kreuzfahrer, sondern auch Heimathafen der »AIDA Cruises«. Gerade zehn Jahre brauchte das Unternehmen, das 1996 sein erstes Schiff mit dem Kussmund-Emblem in den Dienst stellte, um sich an die Spitze des deutschen Marktes für Seereisen zu setzen. Mit derzeit sieben Schiffen und etwa 4.400 Mitarbeitern ist »AIDA Cruises« in der ganzen Welt unterwegs. Zwei weitere Schiffe sollen die Flotte in den nächsten Jahren vergrößern.

Die Fähren von Scandlines fahren vom Seehafen aus mehrfach täglich nach Schweden und Dänemark.

Warnemünde, um 1930 (oben), und heute (unten)

Warnemünde – letzte Station an der Warnow

Klein wirken sie, die kleinen Fischer- und Kapitänshäuser am Alten Strom im Schatten der turmhohen Kreuzliner, die alljährlich zu Dutzenden in Warnemünde festmachen. Dabei war Warnemünde immer ein stolzes Städtchen der Fischer und Seeleute, die sich nur allzu ungern unter der Obhut des großen Nachbarn Rostock befanden. Das damals noch kleine Fischerdorf gelangte bereits 1323 in den Besitz der Hansestadt Rostock, die sich damit freie Ein- und Ausfahrt durch die Warnowmündung erkaufte. Ab 1793 lockte Heiligendamm als erstes deutsches Seebad Gäste an die Küste, und auch Warnemünde bot sich bald als Badeort an. 1834 wurden bereits 1.000 Gäste gezählt. Der eigentliche Boom begann jedoch erst, als die Bahnverbindung von Berlin nach Warnemünde in Betrieb genommen worden war und man damit praktisch bis an den Strand kam. Um 1900 und danach entstand entlang der Küste die typische Bäderarchitektur, während der alte Ortskern – das sind die beiden Straßenzüge am Alten Strom – nach wie vor von den kleinen Fischer- und Kapitänshäusern geprägt blieb. An der Drehbrücke steht die Vogtei, Sitz des juristischen Vertreters der Stadt Rostock. Dahinter liegt das Heimatmuseum. Am Leuchtturm beginnt die drei Kilometer lange Strandpromenade, an der sich ein astronomischer Lehrpfad befindet. Der »Teepott« mit dem charakteristischen, geschwungenen Stahlbetondach in Form eines hyperbolischen Paraboloiden, wurde 1967 nach Plänen des in Binz auf Rügen geborenen Ingenieurs Ulrich Müther (1934–2007) gebaut. Nach längeren Jahren des Leerstands wird er heute wieder gastronomisch und als Museum genutzt. Gezeigt wird eine ständige Ausstellung des Weltenbummlers Reinhold Kasten (* 1920). 1971 öffnete das Hotel Neptun. Anfangs gedacht für zahlungskräftige Devisenbringer, wandelte es sich nach und nach zur noblen Herberge für linientreue DDR-Bürger. An der Kurpromenade befindet sich auch das 1928 eröffnete Kurhaus. Es gehört zu den wenigen erhaltenen Beispielen des von den Ideen des Bauhauses beeinflussten »Neuen Bauens« und wurde vom damaligen Rostocker Stadtbaudirektor Gustav Wilhelm Berringer (1880–1953) entworfen.

Den vorerst letzten Höhepunkt seiner Entwicklung als Kur- und Badeort erlebte der Ort mit der Errichtung der Yachthafenresidenz am rechten Ufer des Neuen Stroms im Ortsteil Hohe Düne. Am 30. September 2005 wurde sie nach knapp drei Jahren Bauzeit und 120 Millionen Euro Investitionen eröffnet. Das Fünf-Sterne-Hotel auf dem 40 Hektar großen Gelände bietet 369 Doppelzimmer. Im Yachthafen an der Warnowmündung finden 750 Boote mit bis zu 4 Meter Tiefgang einen sicheren Liegeplatz.

Zwischen den beiden Molen mündet die Warnow in die Ostsee. Der Seekanal führt noch weiter ins offene Meer hinaus und ist mit entsprechenden Zeichen markiert. So wie sich die Warnowmündung heute präsentiert, ist sie ein Werk des Menschen, über Jahrhunderte gestaltet, gut zugänglich und der Kraft der Ostsee trotzend.

Die ursprüngliche Warnow besaß mehrere Mündungsarme, die sich mühsam verschlungen ihren Weg zwischen Dünen und Treibsand hindurch zum Meer suchten. Das Wasser war so flach, dass die Dänen im Jahr 1160, als sie in die Warnow hinein fahren wollten, ihre größeren Schiffe auf der Ostsee zurücklassen mussten. Die älteste Einfahrt befand sich weit östlich des heutigen Warnemünde, eine spätere schlängelte sich um den Pagenwerder herum durch den Alten Strom nach Warnemünde. Ein dritter Warnowarm – von der Seefahrt wohl nie genutzt – begann ganz im Nordosten des Breitlings am Kleinen und Großen Radel und suchte sich seinen Weg durch den Stankgraben zum offenen Meer.

Die Warnow im natürlichen Wechselspiel von Küstendynamik und Flussmündung stellte den Menschen zunehmend vor große Herausforderungen. Er brauchte einen geschützten Hafen und eine sichere Hafeneinfahrt. So begann er im 13. Jahrhundert, in die Natur einzugreifen und sie seinen Bedürfnissen anzupassen. Anfangs ließen die Rostocker Hansekaufleute Molen aus steingefüllten Holzkästen bauen, um der steten Versandung der natürlichen Mündungsarme zu begegnen. Mit dem Beginn des Industriezeitalters begann die aktive Umgestaltung der Mündung. Dampfbagger gruben am Ende des 19. Jahrhunderts den heutigen Neuen Strom, während der Alte Strom am Südende bis auf einen kleinen

Leuchtturm und der »Teepott« am Alten Strom

Durchlass verschlossen wurde. Steinerne Molen schützten seitdem die Zufahrt in den Hafen. Von den beiden anderen Warnowarmen sind dagegen kaum noch Spuren im Gelände sichtbar.

Die verlorenen letzten Kilometer

Doch nicht nur der Mensch veränderte die Warnowmündung. Er tut dies nach seinen Wünschen und nicht immer nach dem Plan der Natur, dafür aber für den Augenblick umso nachhaltiger. Das Meer hatte deutlich mehr Zeit, die Küsten und die Warnowmündung zu formen. So fallen die Veränderungen im kurzen Leben eines Menschen kaum auf, aber sie waren gravierender und haben das Bild der Warnow mehr verwandelt als der Mensch dies je könnte.

An den Molen vor Warnemünde verliert sich das Wasser der Warnow nach rund 155 Kilometern in den Fluten der Ostsee – heute. Aus geologischen Untersuchungen wissen wir jedoch, dass der Fluss einst viele Meter unter der heutigen Oberfläche sein Bett hatte. In den Jahrtausenden der Eiszeit lag der Wasserspiegel der Weltmeere nämlich weit unter dem gegenwärtigen, der Grund der heutigen südwestlichen Ostsee war nach dem Rückzug des Eises trockenes, von Flüssen durchzogenes Land. Steinzeitliche Sammler, Jäger und Fischer fanden ihr Auskommen. Ihre Hinterlassenschaften finden sich noch heute auf dem Grund der Ostsee. Die Westküste des jungen Ostsee – zweitweise ein Binnensee – befand sich östlich vom Darß. Die »Ur«-Warnow wandte sich

Warnemünder Strandleben am Kurhaus, um 1925, und das Damen- und Herrenbad in den 1930er Jahren

nach Nordwesten und vereinigte sich weit vor der heutigen Küste mit der »Ur«-Trave. Als »baltischer Urstrom« bahnten sich die Wassermassen ihren Weg zwischen den dänischen Inseln hindurch zur Nordsee. Der Lauf der »Ur«-Oder konnte vor der heutigen Ostküste Rügens in 25 Metern Tiefe entdeckt werden.

Vor knapp 9.000 Jahren begann ein aus geologischer Sicht rasanter Anstieg des Spiegels der Weltmeere; drei Millennien später fehlte nur noch rund ein Meter zum heutigen. Mit geringem Auf und Ab in den folgenden Jahrtausenden wurde das gegenwärtige Niveau erreicht. Das Wasser der Ostsee drang in die Ströme ein, überflutete das Land beiderseits der »Ur«-Warnow. Die Warnow veränderte damit ihr Bild. Die Ufer vernässten, Torfe füllten das Tal, dem Wachsen des Meeres folgend. Und der Pegel der Ostsee steigt weiter, nicht nur, weil das zunehmend wärmere Klima die letzten Gletscher schmelzen lässt, sondern auch, weil das norddeutsche Tiefland langsam sinkt.

Wie der Mensch das Bild der Warnowmündung veränderte

Kaum jemand kann sich heute noch bewusst machen, wie sehr die Menschen das Gesicht der Warnow an ihrer Mündung verändert haben. In den Jahrhunderten seit der Stadtgründung Rostocks war es vor allem nötig, für die Koggen mit ihrem Tiefgang von bereits mehreren Metern eine sichere Hafeneinfahrt zu schaffen. Aber außer Molen, damals mit Steinen gefüllte Holzkästen, gab

Die Warnemünder Hafeneinfahrt, 1899, und der Neue Strom mit der »Yachthafenresidenz Hohe Düne«

es keine größeren Eingriffe. Nur Wind und Strömung formten die Warnowmündung über Jahrtausende hinweg.
Erst in den letzen etwas mehr als einhundert Jahren veränderte der Mensch das Antlitz der Warnow auf ihren letzten Kilometern gravierender als die Natur es vorher zu tun vermochte. In den 1880er Jahren wurde die Fahrrinne bis Rostock erstmals umfassend gebaggert. Neue Techniken wie mit Dampf betriebene Schwimmbagger, ermöglichten nun solche Maßnahmen. Hinzu kam der Ausbau des Hafens für die Dänemarkfähre neben dem alten Bahnhof von Warnemünde. Aber richtig zur Sache ging es, als man an den Ausbau der Eisenbahnfährverbindung ging.
In den Jahren 1899 bis 1902 wurde der Neue Strom gebaggert und der Warnow damit eine völlig neue Mündung gegeben. Der Alte Strom wurde im Süden verschlossen und die »Eisenbahninsel« sturmflutsicher erhöht. Östlich des neuen Stromes kamen um die 1 bis 2 Meter Sand und Schlick auf die Wiesen. Vorher lag die Wiese nur bis maximal 30 Zentimeter hoch.

Der Alte und der Neue Strom« in Warnemünde

Aber immer wieder wurde die Warnow vertieft und der Neue Strom verbreitert. Das Material dieser Baggerungen wurde rund um den Breitling abgelagert. Allein zwischen dem Schöpfwerk Peez und dem Peezer Bach hat man 1956/57 auf rund 40 Hektar rund 1,2 Millionen Kubikmeter Baggergut aufgebracht. Die Fläche liegt nun 0,10 bis 2,53 Meter hoch.
Auch der südliche Teil des Laaksees, eine flache Bucht am Westufer des Breitlings, verschwand 1950/1957 auf einer Fläche von 40 Hektar unter Baggergut. Das Terrain liegt nun 1,50 bis 2 Meter über dem Wasserspiegel. Den vielleicht tiefgreifendsten Eingriff widerfuhr dem Pagenwerder. Er verlor seit 1900 rund drei Viertel seiner Fläche. 1877 dehnte er sich noch bis ins Gebiet der Warnowwerft aus.
In den Jahren 1900 bis 1957 wurden am Breitling insgesamt 180 Hektar Neuland durch Aufspülen geschaffen, die Erhöhung von niedrigen Wiesen nicht mitgerechnet. Ein Vergleich der seit den 1880er Jahren regelmäßig aktualisierten Kartenwerke bis in unsere Zeit kann die Veränderungen deutlich vor Augen führen.
Nur ein Plan blieb der Natur erspart: der seit dem späten 19. Jahrhundert diskutierte und auch 1957 noch nicht ganz ad acta gelegte Küstenkanal vom Breitling zum Saaler Bodden, der in seiner Fortsetzung über Recknitz, Trebel und Peene bis zur Oder eine Alternative zum Kanalverbindung von Rostock über Güstrow nach Berlin werden sollte.

Der Alte und der Neue Strom« in Warnemüne

Literatur (Auswahl)

10-Millionen-Liter-Speicher für unsere Stadt. Wasser vom Schweriner See. In: Ostsee-Zeitung, Jg. 18, Nr. 168 (17. Juli 1969)

Ackermann, Theodor: Die Cholera-Epidemie des Jahres 1859 im Großherzogtum Mecklenburg-Schwerin. Atlas. Rostock 1860

Archäologischer Lehrpfad Kritzow. Langen Brütz 2001

Arndt, Carl: Bützower Salz. In: Archiv des Vereins der Freunde der Naturgeschichte in Mecklenburg 43 (1889), 114–117

Arndt, Carl: Salzflora bei Bützow. In: Archiv des Vereins der Freunde der Naturgeschichte in Mecklenburg 23 (1870), 187–189

Asmus, Heinrich: Güstrow-Plau oder Rostock-Ribnitz? Eine Kanalstudie. Im Auftrag des Vorstandes der Kaufmannschaft Rostock. Rostock 1907

Auf sicherem Kurs. Bilanz des Bezirkes Rostock zwischen dem X. und XI. Parteitag der SED. (Sozialistische Einheitspartei Deutschlands, Bezirksparteiorganisation, Staatliche Zentralverwaltung für Statistik, Bezirksstelle Rostock). Rostock 1986

Bartsch, Karl: Sagen, Märchen und Gebräuche aus Mecklenburg. Wien 1879–1880.

Becker, Julius: Die Waffenfunde aus der Warnow bei Schwaan. In: Mecklenburgische Monatshefte 14 (1938), 239–238

Beltz, Hans: Die Mühlen der Stadt Rostock. In: Neue Mecklenburgische Monatshefte 1 (1956) 211–220

Bezirksleitung der SED (Hg.): Auf sicherem Kurs : Bilanz des Bezirkes Rostock zwischen dem X. und XI. Parteitag der SED. Rostock 1986.

Borchert, Friedrich-Wilhelm: Der mecklenburgische Güstrow-Bützow-Kanal. In: Mitteilungen des Canal-Vereins 16/17 (1996), 75–96

Borchert, Friedrich-Wilhelm: Per Schiff von Rostock nach Berlin. Ein unvollendeter Traum. In: Mecklenburg-Magazin 1994, Nr. 14, S. 8–9

Busch, Frank-Peter: Rübendampfer auf der Warnow. Es gab sie vor 100 Jahren: Schiffahrt zwischen Bützow, Güstrow und Rostock. In: Mecklenburg-Magazin 1991, Nr. 17, S. 3

Dabelstein, Karl: Mecklenburgische Verkehrseinrichtungen in alter und neuer Zeit. Die Eisenbahnen Mecklenburgs. In: Ernst Schulz (Hg.): Mecklenburg. Ein deutsches Land im Wandel der Zeit. Rostock 1939, 267–274

Donat, Peter / Fischer, Reinhard E.: Die Anfänge slawischer Siedlung westlich der Oder. In: Jahrbuch für Brandenburgische Landesgeschichte 45 (1994), 7–30

Ehlers, Herwyn / Funke, Teresa: Gärten und Parks in Mecklenburg-Vorpommern. Ein Ausflugsführer durch Kunst und Natur. Hamburg 2000

Ehlers, Ingrid /Fauk, Ramona: Die Hansestadt Rostock und ihr Ostseebad Warnemünde. Ein kulturhistorischer Führer. Rostock 1999

Eichler, Ernst /Mühlner, Werner: Die Namen der Städte in Mecklenburg-Vorpommern. Herkunft und Bedeutung. Rostock 2002

Eichler, Ernst /Mühlner, Werner: MM-Ortsnamen-Lexikon. In: Mecklenburg-Magazin 1994, Nr. 13, S. 14

Ende, Horst u. a.: Westliches Mecklenburg. Wismar, Doberan, Güstrow, Ludwigslust, Schwerin, u. a. Ein illustriertes Reisehandbuch. Bremen 1990

G. P. M. betr. Die Erbauung einer Schiffahrtsschleuse zwischen der Ober- und Unter-Warnow, die Herstellung größerer Hafenanlagen zu Warnemünde und die Einrichtung einer Eisenbahnverbindung zwischen Warnemünde und Neustrelitz usw. Rostock 1883

Geinitz, Eugen: Das Warnowthal bei Rostock (X. Beitrag zur Geologie Mecklenburgs)

Geinitz, Eugen: Die Seen, Moore und Flußläufe Mecklenburgs. Güstrow 1886

Lau, Gerhard: Vom Niedergang der mecklenburgischen Ziegelindustrie. In: Matthias Riedeck u. a.: Denkmale und Erbe der Technikgeschichte in Mecklenburg und Vorpommern. (1997), 169–171

Goersdorf, Sieghard: Kleine Chronik von Gragetopshof [2003]

Graumann, Gert / Müller, Siegmar: Der Pagenwerder – eine schutzwürdige Insel im Rostocker Breitling. In: Natur und Umwelt. Beiträge aus dem Bezirk Rostock 14 (1982), Heft 3, 44–51

Gross, Rudolf: Die Entstehung des Warnowtals von Eickhof bis Rostock, Rostock 1914 (Mitteilungen aus der Großherzoglich Mecklenburgischen Landesanstalt; 26)

Groth, K.: Die Tonlagerstätten Mecklenburgs. In: Baustoffindustrie 10 (1967), 248–254

Hafenentwicklungsgesellschaft Rostock m. b. H. (Hg.): Die Geschichte des Rostocker Hafens. Rostock 2002

Henrici, Emil: Andreas Mylius. Der Dichter der Warnow. Begrüßungsschrift für den Hansischen Geschichtsverein und den Verein für niederdeutsche Sprachforschung vom Verein für Mecklenburgische Geschichte und Altertumskunde. Rostock 1908

Horn, Bernhard: Paddeln in Westmecklenburg. Unterwegs auf Warnow, Elde und Mildenitz. Ilmenau 2005

Hübbe, Heinrich Wilhelm Clemens: Die mecklenburgischen Wasserstraßen. Schwerin 1901

Hückstedt, H.: »Reiset nach dem Norden« – Die Geschichte der Fährverbindung Warnemünde-Gedser. In: Deutsches Schiffahrtsarchiv 13 (1990), 83–100.

Hurtig, Theodor: Betrachtungen über den Verlauf der Hauptwasserscheide in Mecklenburg. In: WZ Universität Rostock, Math.-naturwiss. Reihe 15 (1966), 581–585.

Institut für Denkmalpflege Berlin (Hg.): Mecklenburgische Küstenregion (Bau- und Kunstdenkmale in der DDR). Berlin 1990

Janke, Volker / Junghans, Hermann / Lewerenz, Jürgen: Waldglas in Mecklenburg. Schwerin 2010

Jeschke, Lebrecht: Naturschutzgebiete in Mecklenburg-Vorpommern. Schwerin 2003

Jürß, Lisa: Schwaan. Eine mecklenburgische Künstlerkolonie. [Fischerhude 1992]

Kalbe, Lothar: Regionale Bibliographie. Warnow-Gebiet/ Rostock/Mecklenburg. Rostock 1991

Kasch, Walter: Bäuerliche Neusiedlungen. In: Richard Crull (Hg.): Mecklenburg. Werden und Sein eines Gaus. Bielefeld, Leipzig 1938, 282–286

Kasch, Walter: Streusiedlung und Streubesitz in Mecklenburg. In: Richard Crull (Hg.): Mecklenburg. Werden und Sein eines Gaus. Bielefeld, Leipzig 1938, 280–281.

Kasper, E.: Geographischer und geologischer Überblick über den Kreis Bützow. 1955

Kiesewetter, H.: Das »Warnowtal bei Karnin« – ein neues Naturschutzgebiet im Kreis Schwerin-Land. In: Naturschutzarbeit in Mecklenburg 27 (1984), 36–39

Klafs, Gerhard: Das NSG »Warnowseen« und seine Problematik. In: Naturschutzarbeit in Mecklenburg 12 (1969), 2/3, 24–28

Kleinpeter, Oswald: Zur Entwicklung der Seehäfen der DDR. In: Küstenbilder. Beiträge zur Heimatgeschichte und zur Denkmalpflege im Bezirk Rostock. Rostock (1984), 5–13

Kluge, Thomas/Schramm, Engelbert: Wasserkrise und ihre Folgen – Zerstörung der Mecklenburger Seenplatte oder Sanierung der Warnow-Flußlandschaft, hg. von Greenpeace e. V. Hamburg ^{2}1992

Koppmann, Karl: Von der Ober-Warnow. In: Beiträge zur Geschichte der Stadt Rostock, 1 (1895), 29–39

Kowalzik, Ortwin: Schwaan. Eine siedlungsgeographische Studie. In: WZ Universität Rostock, Math.-naturwiss. Reihe 15 (1966), 1013–1035

Krause, Ludwig: Die alten Warnow-Mündungen und der ursprüngliche Rostocker Hafen. In: Beiträge zur Geschichte der Stadt Rostock 12 (1920/23), 1–16.

Krause, Ludwig: Zur Rostocker Topographie. In: Beiträge zur Geschichte der Stadt Rostock 13 (1924), 12–82

Krischer, Hans: Das Naturschutzgebiet Heiligensee und Hütelmoor – ein Bericht über die Entwicklung des Gebietes. In: Naturschutzarbeit in Mecklenburg 20 (1977), 3–8

Lampe, Reinhard: Lateglacial and Holocene water-level variations along the NE German Baltic Sea coast: review and new results. In: Quaternary International, 133–134, Mai 2005, 121–136

Landesamt für Umwelt und Natur Mecklenburg-Vorpommern (Hg.): Ökologische Untersuchungen im Warnow-Einzugsgebiet II. Gülzow 1994 (Schriftenreihe des Landesamtes für Umwelt und Natur Mecklenburg-Vorpommern; 2)

Landesamt für Umwelt, Naturschutz und Geologie Mecklenburg-Vorpommern (Hg.): Die Fließgewässer Mecklenburg-Vorpommerns. Ergebnisse der Güteüberwachung an Trendmesstellen. Teil I: Physikalisch-chemische Kenngrößen (Schriftenreihe des Landesamtes für Umwelt, Naturschutz und Geologie M-V; 01/2002). Güstrow 2002

Landesvermessungsamt Mecklenburg-Vorpommern (Hg.): Top 50 Mecklenburg-Vorpommern. Schwerin 2000

Lisch, Georg Christian Friedrich: Ueber die wendische Burg Kessin. In: Jahrbücher des Vereins für Mecklenburgische Geschichte und Altertumskunde, 21 (1856), 55–56

Luckmann, Fritz: 775 Jahre Schwaan. 17. August.–21. August 2005. Schwaan 2005

Luckmann, Fritz: Aus der Geschichte der Stadt Schwaan. 64. 150 Jahre Eisenbahn in Schwaan. In: Schwaaner Anzeigenblatt 2000. Nr. 21–42 (9 Folgen)

Lützow, Hans-Henning von: Skizze über die Familie von Lützow, Haus Eickhof/Eickelberg. In: Mario Niemann: Mecklenburgische Gutsherren im 20. Jahrhunderts. Rostock 2000, 397–413

Menning, Susanne / Gätjen, Dorit: Links und rechts der Warnow. Ein Reiseführer. Rostock 2000

Muderack, Klaus-Peter: Die Nutzung der Warnow im Verlauf ihrer historischen Entwicklung. Rostock 1985 (Sekt. MP, WPU, Belegarbeit)

Münch, Ernst (Hg.): Der Toitenwinkel. Ein Adelssitz bei Rostock und seine Dörfer. Rostock 1996

Münch, Ernst: Toitenwinkel und Rostock. Zur Geschichte einer Haßliebe. Schwerin 2002

Neumann, O.: Die Kanalfrage und die Industrialisierung der Warnowkante. o. O., o. J. [1907?]

Nieske, Christian: Vom Land und seinen Leuten. Leben in einem Mecklenburger Bauerndorf 1750 bis 1953. Schwerin 1997

Nugent, Thomas: Reisen durch Deutschland und vorzüglich durch Mecklenburg. Neu hg., bearb. und kommentiert von Sabine Bock. Schwerin 2000

Peltz, Wilhelm: Die Flächenverhältnisse der mecklenburgischen Flußgebiete. In: Beiträge zur Statistik Mecklenburgs, 12 (1894)

Permien, Martin: Die geschichtliche Entwicklung der Wasserversorgung Rostocks. Rostock 1922

Permien, Martin: Die wirtschaftliche Bedeutung des Rostock-Berliner Kanals für Mecklenburg. Rostock 1906

Pfenningsdorf, Kurt: Die öffentlichen Flüsse, unter besonderer Berücksichtigung des Mecklenburg-Schwerinschen Wassergesetzes. Barth 1933

Pocher, Dieter: Herrenhäuser und Gutsanlagen des Klassizismus im ehemaligen Großherzogtum Mecklenburg-Schwerin vom Zeitraum von 1800 bis 1850. Eine Studie zur Architektur des 19. Jahrhunderts. Diss. Greifswald 1990

R. R.: Gemeinsame Verantwortung. Abgeordnete aus Schwerin und Rostock berieten über Trinkwasser aus der Warnow. In: Norddeutsche Neueste Nachrichten 33, Nr. 46/ 23./24. Februar 1985, 3

Radke, Detlef: 150 Jahre Eisenbahnen in Mecklenburg. Schwerin 1997

Rakow, Peter-Jochim: Alma mater Butzowiensis 1760–1789. Elend und Glanz einer kleinen mecklenburgischen Universität. In: Schweriner Blätter 7 (1987), 30–33

Remmel, Herbert: Der Dichter der Warnow. Er nannte sich Mylius. In: Mecklenburg-Magazin 1990, Nr. 16, S. 11

Rogge, Hans Jürgen: Der anthropogene Einfluß auf die Umgestaltung des Raumes Warnemünde seit der Jahrhundertwende. In: Archiv der Freunde der Naturgeschichte in Mecklenburg 5 (1959), 56–64

Ruchhöft, Fred / Schulz, Axel: Sondierungen auf dem Fundplatz 8 von Kessin, Lkr. Bad Doberan, und die Frage nach der Hauptburg der Kessiner. In: Archäologische Berichte aus Mecklenburg-Vorpommern 8 (2001), 126–137

Schaffer, J.: Der Kampf um gutes Trinkwasser. Maßnahmen zur Reinhaltung der Warnow / Landeskulturgesetz und Probleme. In: Norddeutsche Neueste Nachrichten 19, Nr. 293/ 11./12. Dezember 1971, 3

Schattinger, Bernd: Ein Schatz des Pribislav? Mitglieder des Vereins »Das Warnow-Richenberger Land e. V.« machten einen aufregenden Münzfund. In: Mecklenburg-Magazin vom 6. März 2003

Schulze, Alfred: Die Siedlungen des Warnowgebietes in Mecklenburg. Stuttgart 1909

Sobietzky, Gerd: Glashütten in Mecklenburg-Vorpommern. Stralsund 2006

Stadt Schwaan (Hg.): Schwaan – »Wie ein Hauch verträumten Sinnens«. Rostock 2005

Stahl, J. und VEB Schiffswerft »Neptun«. Bilanz in Bildern. Eine Bildchronik zur Entwicklung der Neptunwerft und ihrer Vorläuferbetriebe seit 1850. Rostock 1988

Stahl, Richard: Aufbau, Entstehung und Geschichte mecklenburgischer Torfmoore. Rostock 1913 (Mitteilungen aus der Großherzogl. Mecklenburg. geologischen Landesanstalt; 23)

Stössel, Fritz: Die Siedlungen des nordwestlichen Mecklenburg. In: Mitteilungen der Geographischen Gesellschaft Rostock 5/6 (1913/14), 1–110

VEB Zuckerfabrik »Nordkristall« Güstrow. 25 Jahre. Güstrow [1987]

W.: Heinrich Hoeppner, Ziegelwerke, Papendorf, Rostock. Großes aus dem Nichts. In: Franz, Wilhelm (Hg.): Mecklenburg im Kriege. Der Heimat und ihren Kämpfern gewidmet von der Mecklenburgischen Zeitung Schwerin. Schwerin 1918, 105

Wendt, Ralf: Glashütten in Mecklenburg. Darstellung eines Gewerbezweiges. Neustrelitz 1977

Winkler/Hamann, Nils: … Rückkehr in die Warnow. Die Meerforelle soll wieder heimisch werden. In: Mecklenburg-Magazin 1991, Nr. 12, S. 6

Zänger, Horst: Wasserparadies Mecklenburg. Schwerin 2002

Außer der angegebenen Literatur wurden verschiedene Archivalien genutzt, die im Landeshauptarchiv Schwerin aufbewahrt werden.

Ortsregister

Bildnachweis

Thomas Helms, Schwerin: S. 12; Sammlung des Autors: S. 18 rechts oben, S. 20, S. 50, S. 63, S. 70, S. 75, 78 oben, S. 88 rechts oben und unten, S. 92 rechts, S. 93 links, S. 101; S. 105 oben, S. 106, S. 107 oben und unten, 122 oben, S. 124 oben und unten, S. 125 oben; Verlagsarchiv: S. 18 rechts unten, S. 35 links, S. 52, 55 oben; Museen der Stadt Köln: S. 25 oben; Kunstmuseum Schwaan: S. 67, 78 unten; Stadtarchiv Rostock: S. 98.

Alle übrigen Aufnahmen stammen von Fred Ruchhöft.

Zum Autor

Fred Ruchhöft, Jg. 1971, aufgewachsen in Plau am See, studierte in Berlin und Rostock Geschichte, Ur- und Frühgeschichte und Klassische Archäologie, er wurde 1999 im Fach Geschichte an der Universität Rostock promoviert und arbeitet am Lehrstuhl für Ur- und Frühgeschichte der Universität Greifswald. Fred Ruchhöft beschäftigt sich überwiegend mit der mittelalterlichen Geschichte des südlichen Ostseeraums, aber auch mit zahlreichen kulturgeschichtlichen Themen aus dem ländlichen Raum.
Bücher, Aufsätze und Vorträge zur Archäologie und Geschichte Mecklenburgs, Vorpommerns und Rügens.

Bibliografische Informationen der Deutschen Bibliothek
Die Deutsche Bibliothek verzeichnet diese Publikation
in der Deutschen Nationalbibliografie; detaillierte bibliografische Daten
sind im Internet über http://dnb.ddb.de abrufbar.

Wallstraße 46, D–19053 Schwerin
0385 TEL 564272 0385 FAX 564273
thv.@thv.de
www.thv.de

Druck: Stadtdruckerei Weidner, Rostock
Bindung: Buchbinderei Heinz Warnecke, Broderstorf/Rostock

ISBN 978-3-940207-00-5